R.E.I. Editions

Tutti i nostri ebook possono essere letti sui seguenti dispositivi:
- Computer
- eReader
- iOS
- Android
- Blackberry
- Windows
- Tablet
- Cellulare

Degregori & Partners

Asset Allocation - La gestione del portafoglio

Quaderni di Finanza 16

ISBN 978-2-37297-2932
Pubblicazione: agosto 2016
Nuova edizione aggiornata agosto 2022
Copyright © 2016 - 2022 R.E.I. Editions
www.rei-editions.com

Le informazioni sui prodotti finanziari e i commenti ai mercati espressi in questo volume non rappresentano in alcun modo una raccomandazione all'acquisto o alla vendita di titoli. Nessuna informazione contenuta nel presente testo costituisce o deve essere interpretata come un consiglio di investimento, legale o fiscale: una consulenza professionale e specifica è sempre indispensabile prima di prendere qualsiasi decisione di investimento.

I Quaderni di Finanza hanno lo scopo di promuovere la diffusione dell'informazione e della riflessione economico-finanziaria sui temi relativi ai mercati mobiliari nazionali e internazionali e alla loro regolamentazione.

Piano dell'opera

Degregori & Partners

Asset Allocation

La gestione del portafoglio

Quaderni di Finanza (16)

R.E.I. Editions

Indice

Asset Allocation

L'asset allocation è il processo con il quale si decide in che modo distribuire le risorse fra i diversi possibili investimenti. Le principali categorie di investimenti entro cui si orienta questa scelta possono essere suddivise in attività finanziarie (azioni, obbligazioni, liquidità) o attività reali (immobili, merci, metalli preziosi). I vari investimenti o asset gestiti dall'investitore tramite l'asset allocation sono in genere suddivisi e organizzati per tipologie chiamate asset class.

Le asset class sono delle classi di investimenti finanziari che possono essere distinte in base a delle proprietà peculiari. Esempi di asset class sono:

- Liquidità e strumenti assimilati: depositi, bot, conti correnti.
- Obbligazioni: governative o societarie di breve, medio, lungo termine, estere, mercati emergenti.
- Azioni: large cap (elevata capitalizzazione) o small cap (piccola capitalizzazione), domestiche, estere, mercati emergenti.
- Immobiliare.
- Divise estere.
- Risorse naturali: petrolio, gas, carbone.
- Metalli preziosi: oro, argento, platino.
- Beni di lusso: opere d'arte, vini di pregio, automobili, gioielli, diamanti.

Una ulteriore suddivisione della componente azionaria è data dalla seguente:

- Per capitalizzazione:
  - ✓ Large-Cap: titoli di aziende con elevata capitalizzazione.
  - ✓ Mid-Cap: titoli di aziende con media capitalizzazione.
  - ✓ Small-Cap: titoli di aziende con bassa capitalizzazione.

- Per stile:
  - ✓ Growth: titoli di aziende con elevati tassi di crescita.

✓ Blend: titoli di aziende con medi tassi di crescita e media redditività.

✓ Value: titoli di aziende con bassi tassi di crescita e alta redditività.

Gli asset class possono distinguere la natura dell'investimento: per esempio i titoli di debito come le obbligazioni possono costituire un asset class diverso dai titoli di capitale come le azioni. Il sistema dell'organizzazione degli asset class può però seguire anche altri metodi: per esempio gli asset gestiti possono essere distinti in base all'orizzonte temporale (breve, medio o lungo termine) entro cui s'inquadra l'investimento stesso. In generale l'asset allocation porta alla gestione e all'organizzazione dei vari asset e dei loro insiemi suddivisi per tipologia (gli asset class appunto) in un portafoglio gestito dall'asset manager, ossia da colui che decide da solo o entro l'ambito di un team in che modo allocare le risorse. Abbiamo scelto di considerare otto Asset Class ciascuna delle quali è influenzata da diversi fattori di rischio e, anche se a volte gli strumenti hanno la stessa natura giuridica, il loro comportamento sul mercato è significativamente diverso.

Di seguito la lista e descrizione delle Asset Class ordinate per livello di rischio:

- Cash e Bond Governativi a Breve - Include strumenti finanziari a breve termine, in genere con scadenza non superiore a un anno, molto liquidi e un livello di rischio basso, tipici per la gestione della liquidità. Alcuni esempi di titoli sottostanti gli ETF sono i BOT italiani o i T-Bills americani.

- Bond Governativi Paesi Sviluppati - Include i bond governativi o dei paesi sviluppati a medio e lungo termine. Il profilo di rischio è stato storicamente basso anche se la situazione, per alcuni paesi, è cambiata significativamente negli ultimi anni. Il rischio è riconducibile alla capacità del paese di ripagare i titoli, definito come rischio di credito, e ai movimenti dei tassi di interesse della valuta di riferimento, il rischio di tasso.

12

- Inflazione - Questa Asset Class include le obbligazioni di paesi sviluppati che pagano interessi legati all'andamento dell'inflazione. Per tale ragione esse offrono protezione dall'erosione del valore della moneta, e il loro andamento è legato alle aspettative sul mutamento del tasso di inflazione. Il rischio è legato ai movimenti della curva dei tassi d'interesse e delle aspettative di inflazione.

- Bond societari Investment Grade - Questa Asset Class rappresenta i bond societari emessi da enti non governativi con un rating considerato Investment Grade (superiore a BBB- per S&P o Baa3 per Moodys). Il rating serve a definire il profilo di rischio dell'emittente e questi emittenti godono di un rating considerato meno rischioso dalle agenzie. Il rischio è principalmente di credito cioè legato alla capacità dell'emittente di ripagare il titolo a scadenza.

- Bond Societari HY & Bond Gov. EM - Questa Asset Class rappresenta sia bond governativi o di imprese di paesi in via di sviluppo che bond non governativi di imprese dei paesi sviluppati ma classificati più rischiosi dalle agenzie di rating e definiti "High Yield" (alto rendimento cioè non Investment Grade). Le obbligazioni della Fiat sono un buon esempio che rientra in questa categoria di titoli. Il rischio è principalmente di credito cioè legato alla capacità dell'emittente di ripagare il titolo a scadenza.

- Azionario Paesi Sviluppati - Rappresenta i mercati azionari dei paesi sviluppati, come ad esempio dell'area dell'Europa Occidentale e Nord America. Le variazioni di prezzo dipendono molto da mutamenti delle aspettative di crescita dell'area di riferimento, dalla tipologia di azioni considerate e dal periodo storico o di mercato.

- Azionario Paesi Emergenti - Questa Asset Class include i mercati cosiddetti in via di sviluppo, come ad esempio quelli asiatici, Giappone escluso, o quelli dell'America Latina. Il livello di rischio è generalmente elevato ed è legato alla capacità delle diverse aree di riferimento di tenere il passo della crescita attesa, ma a ciò corrispondono ritorni attesi maggiori.

- Materie Prime & Real Estate - In questa Asset Class sono racchiuse le materie prime, che possono variare da energia, metalli preziosi, o prodotti dell'agricoltura e indici legati al mercato immobiliare. Queste due tipologie di investimenti sono molto legati all'andamento dell'economia reale e per questo vengono spesso considerate insieme.

Nella maggior parte dei casi l'asset allocation è un'attività svolta da investitori professionali e/o istituzionali come le società di gestione del risparmio per conto dei loro clienti.

Figura fondamentale in questo campo è l'Asset Manager, ovvero colui che definisce, nell'ambito dell'attività di asset allocation, le strategie di investimento da adottare per utilizzare nel modo migliore il denaro raccolto e garantendo dei rendimenti massimi, mantenendo i rischi al minimo. In genere nei fondi comuni d'investimento l'asset manager compie delle operazioni i cui frutti si vedranno nel breve o medio periodo, mentre nei fondi pensione l'attività dell'asset manager si estende sul lungo periodo.

Il processo attraverso il quale l'investitore costruisce la sua asset allocation è:

- Identificazione degli obiettivi, in termini di rischio/rendimento, da conseguire entro un determinato orizzonte temporale.
- Identificazione delle necessità (stimate o certe) secondo il loro orizzonte temporale.
- Stima delle prospettive delle diverse asset class, in termini di rischio/rendimento atteso e delle loro relazioni.
- Definizione di un'asset allocation ottimale ottenuta mediante la massimizzazione/minimizzazione di una funzione obiettivo, secondo un risultato finanziario derivante dall'investimento aleatorio e vincolato finanziariamente; ad esempio gli importi investiti devono essere positivi, la loro somma non può eccedere il capitale iniziale, ecc.

- Definizione della frequenza di ribilanciamento, frequenza in occasione della quale i pesi dei singoli investimenti devono essere riportati all'origine.

Il concetto di Asset Allocation è strettamente legato a quello di diversificazione; infatti, gli investimenti vengono suddivisi tra beni diversi, in relazione alle esigenze finanziarie e al grado di rischio che si vuole sopportare, per ridurre le oscillazioni del proprio portafoglio (in gergo tecnico la volatilità). Le diverse classi di attività non sono, infatti, perfettamente correlate, si muovono cioè in su e giù in tempi diversi e con ritmi diversi o addirittura in direzioni opposte. La diversificazione non dà la certezza matematica di non incorrere in perdite temporanee, ma è una strategia, da adottare nel tempo, per costruire un portafoglio finanziario che rispetta lo specifico profilo di rischio e rendimento dell'investitore e, attraverso studi appropriati, rende minima la differenza tra le attese e i risultati effettivi. Quella dell'Asset Allocation è la scelta strategica fondamentale nella costruzione di un portafoglio, in quanto influenza più di ogni altra decisione la variabilità del rendimento complessivo dello stesso.
Come determinare il mix di attività sulle quali andare a investire è una questione strettamente personale e dipende sostanzialmente da due fattori:

- Orizzonte temporale: s'intende il numero di anni in cui il risparmiatore è disposto a investire per raggiungere i suoi obiettivi finanziari (acquisto dell'auto, della prima casa, oppure l'integrazione della pensione). Un investitore con un orizzonte temporale più lungo può assumere un livello di rischio maggiore, al contrario di chi invece ha un orizzonte più breve.

- Propensione al rischio: è la capacità di sopportare di perdere parte o tutto il proprio investimento iniziale, in cambio di un maggiore rendimento. Un investitore aggressivo, o con una tolleranza al rischio elevata, è disposto a correre maggiori rischi di perdere denaro, al fine di ottenere risultati migliori. Un investitore prudente, o con una tolleranza al rischio bassa, tende a favorire gli investimenti che preservano il proprio investimento iniziale.

Tutti gli investimenti comportano un certo grado di rischio, per cui è fondamentale considerare un rapporto rischio/rendimento adeguato alle proprie esigenze. In finanza si usa dire che "non esistono pasti gratis"; ciò significa che, alla possibilità di una maggior remunerazione, è necessariamente legata una maggiore incertezza. Non è possibile aspettarsi alti rendimenti senza correre rischi, né pretendere sicurezza senza ottenere bassi rendimenti. La determinazione del mix di attività sulle quali investire è strettamente personale e scaturisce dall'individuazione del profilo finanziario dell'investitore, a sua volta frutto dell'analisi di bisogni, orizzonte temporale e tolleranza al rischio. La rischiosità di portafoglio, e di conseguenza il suo rendimento atteso, varieranno in base ai pesi con i quali saranno rappresentate azioni, obbligazioni e liquidità.

Alcuni studiosi parlano a tal proposito di rischio specifico e di rischio generico o sistemico.

- Il rischio specifico è un rischio legato alla natura dello stesso investimento. Se ad esempio si prende un investimento azionario, il rischio specifico sarà dato dalle caratteristiche economiche della società emittente, dall'andamento del conto economico, dalla solidità patrimoniale, dalle prospettive future, dal posizionamento dell'azienda rispetto ai suoi concorrenti. Il rischio specifico dipende altresì dalle caratteristiche peculiari dell'emittente e può essere diminuito sostanzialmente attraverso la suddivisione del proprio investimento tra titoli emessi da emittenti diversi (diversificazione del portafoglio).

- Il rischio generico (o sistemico) è invece il rischio cui il singolo investimento è sottoposto per via delle fluttuazioni del mercato e che non può essere eliminato o sostanzialmente diminuito con la diversificazione del portafoglio, come invece avviene per il rischio generico. La congiuntura economica mondiale, i saliscendi delle Borse e le inefficienze che caratterizzano il sistema finanziario nel suo complesso alimentano il cosiddetto rischio generico, detto anche sistemico perché di fatto non eliminabile. Rappresenta quella

16

parte di variabilità del valore degli investimenti che dipende dalle fluttuazioni dei mercati, le quali hanno un impatto su qualsiasi titolo a prescindere dalla sua qualità. Se la Borsa è in calo, è molto probabile che un tale scenario impatterà anche sull'andamento del mio titolo. Il rischio sistemico per i titoli di capitale trattati su un mercato organizzato si origina dalle variazioni del mercato in generale, variazioni che possono essere identificate nei movimenti dell'indice del mercato. Il rischio sistemico dei titoli di debito si origina dalle fluttuazioni dei tassi d'interesse di mercato che si ripercuotono sui prezzi (e quindi sui rendimenti) dei titoli in modo tanto più accentuato quanto più lunga è la loro vita residua; la vita residua di un titolo a una certa data è rappresentata dal periodo di tempo che deve trascorrere da tale data al momento del suo rimborso.

L'asset allocation in generale è suddivisa in tre categorie ovvero può essere orientata secondo tre diversi approcci. In tal senso si parla correntemente di asset allocation strategica, tattica o dinamica.

- Asset Allocation Strategica: orienta gli investimenti scegliendo di organizzarli secondo un orizzonte temporale di medio e lungo periodo.
- Asset Allocation Tattica: è un'allocazione basata su un orizzonte di breve termine e quindi basata su una visione del mercato contingente rispetto a quella strategica. In genere questo tipo di asset allocation è impiegato per adattare l'allocazione strategica a specifici e temporanei trend del mercato, tuttavia una certa coerenza fra questi due tipi di asset allocation permette in genere di evitare errori nella gestione del portafoglio.
- Asset Allocation Dinamica: rappresenta un genere di allocazione degli investimenti ancora più orientato a una lettura del mercato sotto la prospettiva temporale del breve termine. Spesso si fa riferimento all'asset allocation dinamica per spiegare rapidi adattamenti del portafoglio a brusche variazioni del mercato; va però sottolineato che il fattore tempo (timing) è in generale un elemento molto importante per

l'asset allocation che è considerata in generale come un processo dinamico.

E' bene ricordarsi comunque che: "Non esiste un modello di Asset Allocation ideale", in quanto esistono diversissimi profili di investitore che richiedono altrettante gestioni dei singoli portafogli.

La valutazione del rischio

In campo finanziario, il rischio è l'incertezza legata al valore futuro di un'attività o di uno strumento finanziario o, più in generale, di un qualsiasi investimento.

- Un'attività patrimoniale si definisce rischiosa se il flusso monetario che produce è almeno in parte casuale, cioè non è conosciuto in anticipo con certezza. Un titolo azionario è un classico esempio di attività rischiosa: non si può sapere se il prezzo aumenterà o diminuirà nel tempo, né se la società che lo ha emesso pagherà periodicamente i dividendi.

Per quanto i titoli azionari siano considerati attività rischiose per eccellenza, in realtà ne esistono molte altre. Nel caso dei titoli obbligazionari, la società emittente potrebbe fallire e non restituire il capitale o corrispondere gli interessi ai sottoscrittori. Gli stessi titoli di Stato che maturano a 10 o 20 anni sono rischiosi: per quanto sia fortemente improbabile che il governo di un paese industrializzato vada in default (cioè non sia in grado di pagare quanto dovuto), il tasso d'inflazione può aumentare inaspettatamente, riducendo il valore reale degli interessi e del capitale restituito alla scadenza, e dunque il valore del titolo. Un'attività priva di rischio o risk-free garantisce un flusso monetario certo. I titoli di stato a breve termine dei paesi più avanzati (come i Treasury Bill americani o i BOT italiani) sono privi o quasi di rischio. Giungendo a scadenza nel volgere di pochi mesi, il rischio legato a un aumento inatteso dell'inflazione è esiguo, e si può essere ragionevolmente certi che il governo non mancherà di corrispondere alla scadenza il capitale e gli interessi. Altri esempi di attività risk-free sono i depositi bancari a vista e i certificati di deposito a breve termine.

Gestire il rischio significa mettere in atto tutti gli accorgimenti necessari a controllare i fattori di incertezza legati a un'attività e a limitare gli effetti di potenziali eventi avversi. Nel caso dell'attività di compravendita di strumenti finanziari, la gestione del rischio si basa sulla distinzione fra potenziale di opportunità (upside risk) e potenziale di pericolo (downside risk). Dal momento che l'impiego del risparmio ha come obiettivo l'ottenimento del massimo rendimento, la gestione del rischio di un portafoglio finanziario sarà volta a limitare il più possibile il verificarsi degli eventi negativi e a minimizzarne il relativo impatto, cercando di non ostacolare il verificarsi di eventi positivi. In altri termini, la gestione del rischio finanziario consiste nel minimizzare il downside risk, senza limitare troppo l'upside risk.

- Gestire professionalmente il rischio di un portafoglio finanziario significa procedere a una sequenza di valutazioni, relative sia alle singole attività incluse nel portafoglio, sia ai rapporti di relazione fra queste, sia al portafoglio nel suo complesso, tale da permettere un'accurata pianificazione del rischio a cui il portafoglio viene esposto.

Queste analisi consentono di definire una banda di oscillazione ideale del portafoglio e stabilire le azioni da intraprendere nel caso in cui il suo valore oscilli oltre la soglia prevista. L'attività di valutazione e analisi dei rischi parte quindi dalla stima della probabilità e del possibile impatto dei singoli eventi rischiosi, per giungere alla composizione di un quadro generale dei fattori d'incertezza a cui il portafoglio è esposto. A conclusione dell'attività di analisi e valutazione, il rapporto tra le opportunità e i rischi legati all'investimento dovrà bilanciare le aspettative e le esigenze del risparmiatore.

- Il rischio può essere misurato da un valore statistico: la deviazione standard. Essa misura la volatilità di una variabile, cioè la probabilità che il valore della variabile oscilli nel tempo, e ha un valore compreso fra 0 e 1; al valore 0 corrisponde la certezza assoluta, a 1 la massima incertezza.

Dunque, quanto più il valore della deviazione standard del rendimento di un portafoglio è elevato, tanto più elevato è il rischio. Ricerche empiriche condotte sul mercato azionario americano hanno dimostrato che un portafoglio composto da un solo titolo ha in media una deviazione standard di 0,49.

Se si passa da 1 a 10 titoli, il rischio si dimezza.

A venti titoli, il rischio è ulteriormente diminuito a 0,13.

Con il progressivo aumentare del numero dei titoli, il rischio continua a diminuire, per quanto in proporzione sempre decrescente. Lo stesso vale per tutte le altre classi di attività definite dalla asset allocation.

Ma la diversificazione, per quanto spinta, non elimina completamente il rischio legato all'investimento in una classe di attività. La diversificazione può eliminare l'incertezza associata alle singole società, ma non il rischio aggregato, cioè l'incertezza associata all'andamento dell'economia nel suo complesso, che influenza l'andamento delle singole società. Per esempio, se l'economia entra in una fase recessiva, la maggior parte delle società vedrà diminuire il proprio fatturato, gli utili e il rendimento dei propri titoli azionari. In conseguenza, per evitare di essere eccessivamente esposti al rischio di un unico mercato, e approfittando del fatto che, storicamente, le recessioni non sono simultanee in tutti i paesi del mondo, è necessario rendere ancor più sofisticata la diversificazione, scegliendo opportunamente anche i mercati a cui esporre il proprio investimento, prendendo in considerazione non solo le economie avanzate, ma anche quelle emergenti o in via di sviluppo. Un'ulteriore possibilità di diversificazione è offerta dagli strumenti finanziari alternativi, che allargano la prospettiva del portafoglio anche ad attività non finanziarie o a strategie d'investimento innovative. Per apprezzare il rischio derivante da un investimento in strumenti finanziari è necessario tenere presenti i seguenti elementi:

- La variabile del prezzo dello strumento finanziario.
- La liquidità dello strumento finanziario.
- La divisa in cui è denominato lo strumento finanziario.
- La durata dello strumento finanziario.
- Altri fattori fonte di rischi generali.

La variabile del prezzo dello strumento finanziario

Il prezzo di ciascun strumento finanziario dipende da numerose circostanze e può variare in modo più o meno accentuato a seconda della sua natura.

Occorre distinguere innanzitutto tra titoli di capitale (i titoli più diffusi di tale categoria sono le azioni) e titoli di debito (tra i più diffusi titoli di debito si ricordano le obbligazioni e i certificati di deposito), tenendo conto che:

- Acquistando titoli di capitale si diviene soci della società emittente, partecipando per intero al rischio economico della medesima; chi investe in titoli azionari ha diritto a percepire annualmente il dividendo sugli utili conseguiti nel periodo di riferimento che l'assemblea dei soci deciderà di distribuire. L'assemblea dei soci può comunque stabilire di non distribuire alcun dividendo.
- Acquistando titoli di debito si diviene finanziatori della società o degli enti che li hanno emessi e si ha diritto a percepire periodicamente gli interessi previsti dal regolamento dell'emissione e, alla scadenza, al rimborso del capitale prestato.

A parità di altre condizioni, un titolo di capitale è più rischioso di un titolo di debito, in quanto la remunerazione spettante a chi lo possiede è maggiormente legata all'andamento economico della società emittente.

Il detentore di titoli di debito invece rischierà di non essere remunerato solo in caso di dissesto finanziario della società emittente. Inoltre, in caso di fallimento della società emittente, i detentori di titoli di debito potranno partecipare, con gli altri creditori, alla suddivisione, che comunque si realizza in tempi solitamente molto lunghi, dei proventi derivanti dal realizzo delle attività della società, mentre è pressoché escluso che i detentori di titoli di capitale possano vedersi restituire una parte di quanto investito. Per gli investimenti in strumenti finanziari è fondamentale apprezzare la solidità patrimoniale delle società emittenti e le prospettive economiche delle medesime tenuto conto delle caratteristiche dei settori in cui le stesse operano. Si deve considerare che i prezzi dei titoli di capitale riflettono in ogni momento una media delle aspettative che i partecipanti al mercato hanno circa le prospettive di guadagno delle imprese emittenti.

- Con riferimento ai titoli di debito, il rischio che le società o gli enti finanziari emittenti non siano in grado di pagare gli interessi o di rimborsare il capitale prestato si riflette nella misura degli interessi che tali obbligazioni garantiscono all'investitore. Quanto maggiore è la rischiosità percepita dell'emittente tanto maggiore è il tasso d'interesse che l'emittente dovrà corrispondere all'investitore.

Per valutare la congruità del tasso d'interesse pagato da un titolo si devono tenere presenti i tassi d'interessi corrisposti dagli emittenti il cui rischio è considerato più basso, e in particolare il rendimento offerto dai titoli di Stato, con riferimento a emissioni con pari scadenza. Con riferimento ai titoli di debito, l'investitore deve tener presente che la misura effettiva degli interessi si adegua continuamente alle condizioni di mercato attraverso variazioni del prezzo dei titoli stessi. Il rendimento di un titolo di debito si avvicinerà a quello incorporato nel titolo stesso al momento dell'acquisto solo nel caso in cui il titolo stesso venisse detenuto dall'investitore fino alla scadenza. Qualora l'investitore avesse necessità di smobilizzare l'investimento prima della scadenza del titolo, il rendimento effettivo potrebbe rivelarsi diverso da quello garantito dal titolo al momento del suo acquisto.

In particolare, per i titoli che prevedono il pagamento di interessi in modo predefinito e non modificabile nel corso della durata del prestito (titoli a tasso fisso), più lunga è la vita residua maggiore è la variabilità del prezzo del titolo stesso rispetto a variazioni dei tassi d'interesse di mercato.

Ad esempio, si consideri un titolo zero coupon, titolo a tasso fisso che prevede il pagamento degli interessi in un'unica soluzione alla fine del periodo, con vita residua 10 anni e rendimento del 10% all'anno; l'aumento di un punto percentuale dei tassi di mercato determina, per il titolo suddetto, una diminuzione del prezzo del 8,6%. E' dunque importante per l'investitore, al fine di valutare l'adeguatezza del proprio investimento in questa categoria di titoli, verificare entro quali tempi potrà avere necessità di smobilizzare l'investimento.

Come si è detto, il rischio specifico di un particolare strumento finanziario può essere eliminato attraverso la diversificazione, cioè suddividendo l'investimento tra più strumenti finanziari. La diversificazione può tuttavia risultare costosa e difficile da attuare per un investitore con un patrimonio limitato. L'investitore può raggiungere un elevato grado di diversificazione a costi contenuti investendo il proprio patrimonio in quote o azioni di organismi d'investimento collettivo (fondi comuni d'investimento e Società d'investimento a capitale variabile - SICAV). Questi organismi investono le disponibilità versate dai risparmiatori tra le diverse tipologie di titoli previsti dai regolamenti o programmi d'investimento adottati. Con riferimento a fondi comuni aperti, ad esempio, i risparmiatori possono entrare o uscire dall'investimento acquistando o vendendo le quote del fondo sulla base del valore teorico (maggiorato o diminuito delle commissioni previste) della quota; valore che si ottiene dividendo il valore dell'intero portafoglio gestito del fondo, calcolato ai prezzi di mercato, per il numero delle quote in circolazione.

Occorre sottolineare che gli investimenti in queste tipologie di strumenti finanziari possono comunque risultare rischiosi a causa delle caratteristiche degli strumenti finanziari in cui prevedono d'investire (ad esempio, fondi che investono solo in titoli emessi da società operanti in un particolare settore o in titoli emessi da società aventi sede in determinati Stati) oppure a causa di una insufficiente diversificazione degli investimenti.

La liquidità dello strumento finanziario

La liquidità di uno strumento finanziario consiste nella sua attitudine a trasformarsi prontamente in moneta senza perdita di valore. Essa dipende in primo luogo dalle caratteristiche del mercato in cui il titolo è trattato. In generale, a parità di altre condizioni, i titoli trattati su mercati organizzati sono più liquidi dei titoli non trattati su detti mercati.

Questo perché la domanda e l'offerta di titoli viene convogliata in gran parte su tali mercati e quindi i prezzi ivi rilevati sono più affidabili quali indicatori dell'effettivo valore degli strumenti finanziari. Occorre tuttavia considerare che lo smobilizzo di titoli trattati in mercati organizzati cui sia difficile accedere, perché aventi sede in paesi lontani o per altri motivi, può comunque comportare per l'investitore difficoltà di liquidare i propri investimenti e la necessità di sostenere costi aggiuntivi.

La divisa in cui è denominato lo strumento finanziario

Qualora uno strumento finanziario sia denominato in una divisa diversa da quella di riferimento per l'investitore, tipicamente l'euro per l'investitore italiano, al fine di valutare la rischiosità complessiva dell'investimento occorre tenere presente la volatilità del rapporto di cambio tra la divisa di riferimento (l'euro) e la divisa estera in cui è denominato l'investimento.

L'investitore deve considerare che i rapporti di cambio con le divise di molti paesi, in particolare di quelli in via di sviluppo, sono altamente volatili e che comunque l'andamento dei tassi di cambio può condizionare il risultato complessivo dell'investimento. Infatti, nel momento in cui si acquista un titolo denominato in una valuta diversa occorre convertire il capitale finale in euro (nel caso di un'obbligazione anche le cedole). Se la valuta in cui è denominato il titolo si è rivalutata sulla moneta unica europea aggiungerà performance all'investimento e viceversa se avrà perso valore. Sebbene nel medio-lungo termine i tassi valutari tendano a rispecchiare la reale forza dell'economia del Paese cui si riferiscono, nel breve periodo le dinamiche dei mercati finanziari sono tali da rendere difficilmente prevedibile l'evoluzione del cambio. L'investimento fai da te in titoli in valuta estera è quindi tutt'altro che facile. Il ricorso a fondi d'investimento può invece risultare efficace grazie alla possibilità di diversificare il rischio valutario, con costi peraltro più contenuti rispetto a quelli sostenuti per un deposito amministrato.

La durata dello strumento finanziario

Molto spesso, per valutare il rischio di titoli e fondi obbligazionari e per agevolarne le comparazioni, si ricorre al concetto di duration. Quest'ultima rappresenta la durata finanziaria di un titolo (o, se si tratta di un fondo, della somma di tutti i titoli in portafoglio), cioè la sua vita residua ponderata con il flusso di cedole che pagherà in futuro. Espressa in anni o in giorni, la duration costituisce una misura del rischio delle obbligazioni. All'aumentare del suo valore aumenta, infatti, la volatilità del titolo e quindi il rischio di oscillazione della sua quotazione nel tempo al variare dei tassi d'interesse. Le obbligazioni a tasso variabile, in quanto titoli con cedole indicizzate ai tassi di mercato, presentano una duration bassa. Di conseguenza la loro volatilità è ridotta anche in presenza di moderate oscillazioni dei tassi. Le obbligazioni a tasso fisso, la cui cedola resta identica a prescindere dall'andamento dei tassi, presentano una duration più elevata rispetto ai Titoli di Stato o ai bond a tasso variabile. Mostrano pertanto una maggiore volatilità e una reazione più marcata in caso di variazione dei tassi d'interesse. La duration di un portafoglio obbligazionario, come nel caso di un fondo d'investimento, è pari alla media ponderata delle duration dei singoli titoli che lo compongono. Tramite l'indicatore di duration è possibile ottenere una misura della volatilità del titolo di riferimento. Si tratta di un valore regolarmente riportato nelle tabelle dei titoli obbligazionari pubblicate sui quotidiani finanziari e sui siti specializzati.

Esempio

Ipotizziamo di possedere 1.000 bond che valgono ognuno 108 euro (il controvalore complessivo è, quindi, pari a 108.000 euro), con una volatilità del 5,5%.
Immaginiamo che vi sia una variazione dell'1% dei tassi di interesse.
Applicando la formula semplificata:

Valore del titolo prima del rialzo dei tassi x rialzo percentuale dei tassi x volatilità si ottiene:

$$108 \times 0,01 \times 0,055 = 0,594 = 5,94\%$$

Tradotto in pratica significa che, nel caso i tassi di interesse aumentino dell'1%, il prezzo del bond in mio possesso, che si muove in direzione opposta ai tassi di mercato, scenderà del 5,94%, provocando, nel caso in esempio, una perdita di 6.415 euro circa.
Viceversa se i tassi diminuissero di un punto percentuale. La stima così effettuata è approssimativa, ma può essere considerata un indicatore attendibile per valutare il possibile impatto della variazione dei tassi d'interesse sui titoli (o sul fondo) in proprio possesso.

Altri fattori fonte di rischi generali

L'investitore deve informarsi circa le salvaguardie previste per le somme di denaro e i valori depositati per l'esecuzione delle operazioni, in particolare, nel caso d'insolvenza dell'intermediario. La possibilità di rientrare in possesso del proprio denaro e dei valori depositati potrebbe essere condizionata da particolari disposizioni normative vigenti nei luoghi in cui ha sede il depositario nonché dagli orientamenti degli organi a cui, nei casi di insolvenza, vengono attribuiti i poteri di regolare i rapporti patrimoniali del soggetto dissestato. Prima di avviare l'operatività, l'investitore deve ottenere dettagliate informazioni a riguardo di tutte le commissioni, spese e altri oneri che saranno dovute all'intermediario. Tali informazioni devono essere comunque riportate nel contratto d'intermediazione. L'investitore deve sempre considerare che tali oneri andranno sottratti ai guadagni eventualmente ottenuti nelle operazioni effettuate mentre si aggiungeranno alle perdite subite.

- Le operazioni eseguite su mercati aventi sede all'estero, incluse le operazioni aventi ad oggetto strumenti finanziari trattati anche in mercati nazionali, potrebbero esporre l'investitore a rischi aggiuntivi. Tali mercati potrebbero essere regolati in modo da offrire ridotte garanzie e protezioni agli investitori.

Prima di eseguire qualsiasi operazione su tali mercati, l'investitore dovrebbe informarsi sulle regole che riguardano tali operazioni. Deve inoltre considerare che, in tali casi, l'autorità di controllo sarà impossibilitata ad assicurare il rispetto delle norme vigenti nelle giurisdizioni dove le operazioni vengono eseguite. L'investitore dovrebbe quindi informarsi circa le norme vigenti su tali mercati e le eventuali azioni che possono essere intraprese con riferimento a tali operazioni. Gran parte dei sistemi di negoziazione elettronici o ad asta gridata sono supportati da sistemi computerizzati per le procedure di trasmissione degli ordini (order routing), per l'incrocio, la registrazione e la compensazione delle operazioni. Come tutte le procedure automatizzate, i sistemi sopra descritti possono subire temporanei arresti o essere soggetti a malfunzionamenti.

- La possibilità per l'investitore di essere risarcito per perdite derivanti direttamente o indirettamente dagli eventi sopra descritti potrebbe essere compromessa da limitazioni di responsabilità stabilite dai fornitori dei sistemi o dai mercati. L'investitore dovrebbe informarsi presso il proprio intermediario circa le limitazioni di responsabilità suddette connesse alle operazioni che si accinge a porre in essere.

I sistemi di negoziazione computerizzati possono essere diversi tra loro oltre che differire dai sistemi di negoziazione "gridati". Gli ordini da eseguirsi su mercati che si avvalgono di sistemi di negoziazione computerizzati potrebbero risultare non eseguiti secondo le modalità specificate dall'investitore o risultare ineseguiti nel caso i sistemi di negoziazione suddetti subissero malfunzionamenti o arresti imputabili all'hardware o al software dei sistemi medesimi. Gli intermediari possono eseguire operazioni fuori dai mercati organizzati. L'intermediario cui si rivolge l'investitore potrebbe anche porsi in diretta controparte del cliente (agire, cioè, in conto proprio). Per le operazioni effettuate fuori dai mercati organizzati può risultare difficoltoso o impossibile liquidare uno strumento finanziario o apprezzarne il valore effettivo e valutare l'effettiva esposizione al rischio, in particolare qualora lo strumento finanziario non sia trattato su alcun mercato organizzato. Per questi motivi, tali operazioni comportano l'assunzione di rischi più elevati.

Prima di effettuare tali tipologie di operazioni l'investitore deve assumere tutte le informazioni rilevanti sulle medesime, le norme applicabili ed i rischi conseguenti.

La rischiosità degli investimenti in strumenti derivati

Gli strumenti finanziari derivati sono caratterizzati da una rischiosità molto elevata il cui apprezzamento da parte dell'investitore è ostacolato dalla loro complessità. E', quindi, necessario che l'investitore concluda un'operazione avente a oggetto tali strumenti solo dopo averne compreso la natura ed il grado di esposizione al rischio che essa comporta. L'investitore deve considerare che la complessità di tali strumenti può favorire l'esecuzione di operazioni non adeguate.

- Si consideri che, in generale, la negoziazione di strumenti finanziari derivati non è adatta per molti investitori. Una volta valutato il rischio dell'operazione, l'investitore e l'intermediario devono verificare se l'investimento è adeguato per l'investitore, con particolare riferimento alla situazione patrimoniale, agli obiettivi d'investimento e all'esperienza nel campo degli investimenti in strumenti finanziari derivati di quest'ultimo.

Si illustrano di seguito alcune caratteristiche di rischio dei più diffusi strumenti finanziari derivati.
- I Futures.
- Le Opzioni.
- Gli swaps.

I Futures

Le operazioni su futures comportano un elevato grado di rischio. L'ammontare del margine iniziale è ridotto (pochi punti percentuali) rispetto al valore dei contratti e ciò produce il così detto "effetto leva". Questo significa che un movimento dei prezzi di mercato relativamente piccolo avrà un impatto proporzionalmente più elevato sui fondi depositati presso l'intermediario: tale effetto potrà risultare a sfavore o a favore dell'investitore.

- Il margine versato inizialmente, nonché gli ulteriori versamenti effettuati per mantenere la posizione, potranno di conseguenza andare perduti completamente. Nel caso i movimenti di mercato siano a sfavore dell'investitore, egli può essere chiamato a versare fondi ulteriori con breve preavviso al fine di mantenere aperta la propria posizione in futures.

Se l'investitore non provvede a effettuare i versamenti addizionali richiesti entro il termine comunicato, la posizione può essere liquidata in perdita e l'investitore debitore di ogni altra passività prodottasi.

Talune tipologie di ordini finalizzate a ridurre le perdite entro certi ammontari massimi predeterminati possono risultare inefficaci in quanto particolari condizioni di mercato potrebbero rendere impossibile l'esecuzione di tali ordini. Anche strategie d'investimento che utilizzano combinazioni di posizioni, quali le "proposte combinate standard" potrebbero avere la stessa rischiosità di singole posizioni "lunghe" o "corte".

I future sono contratti a termine standardizzati per poter essere negoziati facilmente in Borsa. Il contratto future è un contratto uniforme a termine su strumenti finanziari, con il quale le parti si obbligano a scambiarsi alla scadenza un certo quantitativo di determinate attività finanziarie, a un prezzo stabilito; ovvero, nel caso di future su indici, a liquidarsi una somma di denaro pari alla differenza fra il valore dell'indice di riferimento alla stipula del contratto e il valore dello stesso indice nel giorno di scadenza. Anche i future sono quindi contratti a termine. Si differenziano dai forward per essere standardizzati e quindi negoziati sui mercati regolamentati. La standardizzazione consiste nella definizione del taglio unitario, della scadenza contrattuale e della modalità di negoziazione attraverso la Clearing House (Cassa di compensazione). La peculiarità di essere standardizzati rende questi contratti *interscambiabili* tra loro. Ciò rende possibile annullare impegni di acquisto o di vendita tramite compensazione, stipulando un contratto di segno opposto all'originale. In questo modo, verrà evitata la consegna dell'attività sottostante il contratto. L'acquisto di future corrisponde a una aspettativa di rialzo dell'attività sottostante; la vendita, invece, sottende un'aspettativa al ribasso. Se le intenzioni fossero speculative, la vendita del future dovrà essere effettuata prima della scadenza contrattuale; se, invece, le intenzioni sono di coprire un futuro acquisto/vendita della commodity sottostante, il future permette una copertura senza rischi di oscillazioni del prezzo, e si aspetterà la scadenza prevista per provvedere all'acquisto/vendita della commodity stessa. Il loro prezzo, che risulta, come tutti i titoli quotati, dalle negoziazioni, è anche detto future price. Il future price corrisponde al prezzo di consegna dei contratti forward ma, essendo quotato, non è propriamente contrattato fra le parti in quanto, come tutti i titoli quotati, è il risultato dell'incontro delle proposte di acquisto immesse da chi vuole acquistare con le proposte di vendita immesse da chi intende vendere. Viene di norma indicato in "punti indice".

Con riguardo alle tipologie di Futures si distinguono:

- Commodity Future - con un commodity future la controparte si impegna ad acquistare oppure a vendere una prefissata quantità di merce a una data prefissata e a un determinato prezzo.
- Financial Future - strumenti finanziari derivati, la cui caratteristica è quella di fondare il loro valore su altri strumenti finanziari di base sottostanti al contratto derivato stesso.

I Financial Future si dividono a loro volta in:

- Currency Future: si tratta di contratti il cui oggetto contrattuale è una valuta.
- Interest Rate Future: lo strumento finanziario sottostante è rappresentativo di un tasso di interesse.

In altri termini si tratta di un contratto che impegna a consegnare o a ricevere uno strumento finanziario che può consistere in Titoli di Stato o altre attività finanziarie. Essi, in sostanza, sono contratti che rappresentano l'impegno alla cessione o all'acquisto a termine di titoli a tasso fisso, generalmente Titoli di Stato, con caratteristiche determinate, a un prezzo prefissato.

- Stock Index Future - future relativi agli indici di Borsa.
- Equity o Stock Future – future sulle azioni.

La standardizzazione dei contratti future fa sì che esistano serie di contratti uguali per:

- Oggetto: cioè il bene sottostante al contratto.
- Dimensione: cioè il valore nominale del contratto. Si ottiene moltiplicando il prezzo, di norma indicato in punti indice, per un moltiplicatore convenzionalmente stabilito.
- Date di scadenza: si osserva un calendario prefissato con un numero limitato di scadenze, in genere quattro volte per anno.
- Regole di negoziazione tra cui:
- ☐ Gli orari di contrattazione.
- ☐ La variazione minima di prezzo che può essere quotata sul mercato future, c.d. tick.
- ☐ Le modalità di liquidazione delle transazioni.
- ☐ I luoghi di consegna.

La standardizzazione dei contratti e la possibilità di negoziarli in mercati regolamentati comportano importanti effetti:

1. Le parti possono "contrattare" solamente il prezzo del contratto (anche se una contrattazione vera e propria fra due parti, essendo il titolo quotato, non c'è).

2. La possibilità di una chiusura anticipata di una posizione in future, senza aspettare la scadenza, attraverso la sua negoziazione.
3. Un notevole guadagno in termini di liquidità degli scambi e, di conseguenza, di riduzione dei costi sopportati dagli operatori.

Il mercato dei Futures ha origine agli albori del 1800.
Nel 1848 venne fondato il Chicago Board Of Trade, primo mercato dove vennero scambiati contratti futures regolamentati. I primi contratti ebbero come merce di riferimento il grano, mentre bisogna aspettare il 1972 per veder comparire i primi Futures su valute scambiati presso l'International Monetary Market. Poco dopo le contrattazioni vennero ampliate ai tassi d'interesse, mentre il 24 Febbraio del 1983 il Kansas City Board Of Trade diede il via al primo scambio di Futures sugli indici,il Line Composit Index. Il principio di "non arbitraggio" è l'ipotesi base su cui si fonda la derivazione del prezzo di un generico future. Tale principio afferma che, in equilibrio, il profitto generato da un'operazione finanziaria priva di rischio deve essere nullo. In base a questo criterio il prezzo del Future è determinato correttamente, se non è possibile ricavare un profitto da operazioni sul mercato a pronti e su quello a termine. Nella realtà sono due le operazioni che si possono fare e sono chiamate rispettivamente:

- Cash and carry - si acquista a pronti il titolo prendendo a prestito la somma necessaria e contemporaneamente si vende il relativo contratto Future. Alla scadenza del future si consegna il titolo sottostante e con la somma incassata si restituisce il prestito.
- Reverse cash and carry - si inverte il discorso fatto, vale a dire, si vende il titolo e si acquista il Future.

Se si ipotizza, per esempio, di effettuare un cash and carry su un titolo che non produce reddito a scadenza (un'azione priva di dividendi o uno zero coupon) il prezzo di equilibrio del future sarà dato da:

$$Ft,T = St \times (1 + rt,T)$$

dove:
- Ft,T = quotazione al tempo t del Future con scadenza al tempo T.
- St = prezzo del titolo al tempo t.
- rt,T = tasso di finanziamento sul perioto (t,T)

La parte destra del segno di uguaglianza identifica il costo dell'operazione, mentre quella di sinistra individua il ricavo. L'equazione che definisce il prezzo di equilibrio del future rappresenta la relazione che lega il prezzo Future e il prezzo a pronti quando il mercato è efficiente, cioè quando non esiste la possibilità di fare arbitraggio.

Ulteriore elemento distintivo rispetto ai forward, connesso alla loro negoziazione in mercati regolamentati, è la presenza di una controparte unica per tutte le transazioni, la clearing house, che per il mercato italiano è la Cassa di compensazione e garanzia.

Suo compito è di assicurare il buon fine delle operazioni e la liquidazione (intesa come calcolo) e corresponsione giornaliera dei profitti e delle perdite conseguiti dalle parti.

- La clearing house si interpone in tutte le transazioni concluse sul mercato dei futures: quando due soggetti compravendono un contratto, ne danno immediata comunicazione alla clearing house che procede a comprare il future dalla parte che ha venduto e a venderlo alla parte che ha comprato.

In tal modo, in caso di inadempimento di una delle due parti, la clearing house si sostituisce nei suoi obblighi, garantendo il buon esito della transazione, salvo poi rivalersi sul soggetto inadempiente. Per poter assolvere su base sistematica e continuativa ai propri compiti e per garantire l'efficienza del sistema, la clearing house adotta una serie di misure:

- Non assume mai, in proprio, posizioni aperte sul mercato: il numero e la tipologia dei contratti acquistati sono esattamente uguali a quelli dei contratti venduti, cosicché non grava sulla cassa il rischio di variazione sfavorevole dei prezzi delle attività sottostanti.

☐ E' controparte esclusivamente degli intermediari che aderiscono alla clearing house stessa (prevalentemente banche e società di intermediazione mobiliare), dotati di specifici requisiti di patrimonializzazione e di professionalità. Pertanto, se un investitore desidera aprire una posizione in future, e non è membro della clearing house, dovrà rivolgersi a uno degli intermediari aderenti il quale fungerà da broker e applicherà all'investitore gli stessi meccanismi, a tutela del rischio di inadempimento, previsti dalla clearing house per i suoi aderenti.

- Adotta il sistema dei margini, a tutela delle posizioni aperte sul mercato dal rischio di inadempimento, che prevede il versamento da parte delle parti di un margine iniziale e di margini di variazione durante la vita del contratto.

Nel dettaglio funziona così: al momento dell'apertura di una posizione (lunga o corta) in future, entrambe le parti devono versare il cosiddetto margine iniziale (a garanzia del buon fine della transazione e che verrà restituito nel giorno di liquidazione del contratto future) su un apposito conto detenuto presso la clearing house (o aperto per loro conto presso la clearing house dai rispettivi broker). Tale margine è di solito una percentuale del valore nominale di un contratto (moltiplicata per il numero dei contratti stipulati) e, in genere, esso è proporzionale alla volatilità del prezzo del sottostante, nel senso che a maggiore volatilità (e cioè a maggiore probabilità che il sottostante subisca ampie oscillazioni di prezzo) corrisponde un margine più elevato. Oltre al margine iniziale, la clearing house calcola giornalmente un altro margine, il margine di variazione, che corrisponde al guadagno o alla perdita realizzati da ciascuna delle due parti alla fine della giornata lavorativa. Il margine di variazione viene calcolato tramite il meccanismo del marking-to-market: a fine giornata la clearing house rileva il prezzo di chiusura del future e, calcolando la differenza tra questo e il prezzo di chiusura del giorno precedente, determina il profitto e la perdita di ogni parte come se la posizione fosse liquidata in quel momento. La parte che ha subito una variazione di prezzo sfavorevole paga alla clearing house il relativo margine di variazione e questa provvede a girarlo alla parte per la quale la variazione del prezzo è stata positiva.

Qualora il saldo del conto di una parte dovesse scendere sotto un livello minimo, cosiddetto margine di mantenimento, tale parte riceverebbe dalla clearing house una margin call, ossia un invito a provvedere a effettuare un versamento adeguato alla reintegrazione del margine. Nel caso di contratti future, vi sono quindi flussi di cassa sia all'atto della stipula del contratto (margine iniziale), sia durante la vita dello stesso (margini di variazione), sia alla scadenza (liquidazione del contratto).

Esempio

Consideriamo un future avente come sottostante il titolo azionario Alfa:
- Il prezzo future al quale è stato compravenduto il contratto è pari a 110 punti.
- Il valore nominale del contratto è pari a 1 euro per ogni punto e, quindi, 110 euro.
- Il contratto impegna all'acquisto/vendita di un'unità di sottostante.
- La scadenza è a tre giorni dalla data di stipulazione del contratto.
- Il margine iniziale è pari al 10% del valore nominale del contratto.

Alla scadenza, chi ha la posizione lunga sul future (cioè l'acquirente) pagherà 110 euro alla controparte e riceverà, in cambio, un titolo Alfa (physical delivery) oppure (nel caso di cash settlement) riceverà una somma pari alla differenza fra prezzo di mercato del titolo Alfa e prezzo future. È evidente che, nel caso in cui il prezzo di mercato sia maggiore di 110, il future avrà generato un profitto per l'acquirente (che avrà pagato 110 qualcosa che vale di più) e una perdita per il venditore. Se invece il prezzo di mercato fosse minore di 110, sarà il venditore del future a realizzare un profitto, mentre l'acquirente subirà una perdita. Questo è il risultato finanziario complessivo dell'operazione alla scadenza.
Abbiamo però visto che i futures prevedono flussi di cassa, attraverso il versamento dei margini, anche durante la vita del contratto.

Per vedere concretamente come funziona il sistema dei margini, ipotizziamo una specifica evoluzione del prezzo future durante la vita del contratto; l'evoluzione scelta si traduce in un profitto di 0,3 euro per la parte che si è impegnata a comprare a termine:

1. Al momento iniziale, entrambe le parti versano un margine iniziale di 11 euro.
2. Al secondo giorno, assumendo che il prezzo future sia diminuito a 109,5, l'acquirente ha maturato una perdita pari a (109,5 - 110) x 1 euro = - 0,5 euro, che dovrà immediatamente corrispondere alla clearing house.
3. Al terzo giorno, assumendo che il prezzo del future sia aumentato a 109,7, l'acquirente ha maturato un guadagno, rispetto al giorno precedente, pari a (109,7 - 109,5) x 1 euro = 0,2 euro, che riceverà dalla clearing house. Questo guadagno, però, non gli consente di colmare la perdita del giorno precedente, in quanto, a livello cumulato, l'acquirente sopporta ancora una perdita di: - 0,5 + 0,2 = - 0,3 euro.
4. Il quarto giorno (scadenza), assumendo che il prezzo del future sia pari a 110,3, l'acquirente ha maturato un guadagno, rispetto al giorno precedente, pari a (110,3 − 109,7) x 1 euro = 0,6 euro. Questo guadagno consente di ripianare la residua perdita derivante dal secondo giorno e, anzi, a livello cumulato, l'acquirente avrà conseguito un guadagno di 0,3 euro. Alla scadenza verrà anche restituito alle parti il margine inizialmente versato di 11 euro.

Esempio

Facciamo ora un esempio concreto con un future effettivamente esistito, il future sull'indice FTSE MIB con scadenza marzo 2008, e avente come sottostante non un bene ma un indice azionario:

- Il prezzo future è dato, ad un certo momento, dalla sua quotazione sul mercato; la quotazione avviene in "punti indice" e poniamo che oggi quoti 32.150 punti indice.
- La dimensione del contratto (cioè il suo valore nominale) è data dal prezzo del future per un moltiplicatore che, per il

nostro future, è convenzionalmente fissato pari a 5 euro. La dimensione è pertanto 32.150 x 5 euro = 160.750 euro.

- La scadenza è il terzo venerdì del mese di marzo, cioè il 19 marzo 2010.
- Il margine iniziale è pari al 7,75% del valore nominale del contratto.
- Il prezzo del future alla scadenza è pari a 33.000 punti indice.

Nel momento in cui si compravende il contratto, le due parti, acquirente e venditore, devono versare alla Cassa di compensazione e garanzia i margini iniziali, pari a 12.458,13 euro (160.750 x 7,75%) che verranno restituiti alla scadenza. Durante la vita del contratto, giorno per giorno, la Cassa di compensazione e garanzia calcola la differenza fra il valore del contratto del giorno e quello del giorno precedente e chiede il versamento di questa differenza, chiamata margine di variazione, alla parte che rispetto al giorno precedente ha maturato la perdita. Detto margine verrà accreditato alla parte che ha invece conseguito il profitto. Questo meccanismo di calcolo si susseguе giornalmente fino alla scadenza, in occasione della quale verrà liquidato l'ultimo margine di variazione e restituito il margine iniziale versato dalle parti. È importante notare che il sistema dei margini comporta il calcolo e la corresponsione giornaliera dei profitti e delle perdite maturati dalle controparti, a differenza del forward dove le perdite e i profitti maturati vengono calcolati e corrisposti solo alla scadenza. Attraverso questo sistema, le parti sono tutelate dal rischio di inadempimento. Infatti, se una parte non corrisponde la perdita giornaliera maturata, e cioè non versa il margine di variazione, la clearing house utilizza il margine iniziale per corrispondere il profitto maturato dalla controparte e invita la parte inadempiente a reintegrare il margine iniziale (margin call). Ove ciò non avvenga, la clearing house provvede a chiudere la posizione della parte che non ha versato il margine, evitando così futuri inadempimenti.

Utilizzo dei Futures

L'azienda o il privato che effettua una compravendita in futures può avere due finalità prevalenti:

- La prima è quella di "Copertura", vale a dire l'operazione è eseguita per eliminare un rischio sorto nell'esercizio di un'attività economica ad esempio un'azienda esportatrice che si copre dal rischio di cambio o dal rischio d'interesse).
- La seconda è quella di "Speculazione"; l'operatore si serve di contratti futures per speculare su eventuali differenze fra le sue aspettative concernenti i movimenti futuri dei prezzi e le attese correnti del mercato.

I Futures permettono di gestire in modo efficiente i rischi legati all'andamento di un portafoglio, poiché rappresentano una sorta di 'polizza assicurativa'. L'acquisto di Titoli di Stato è soggetto a un rischio specifico, connesso all'andamento dei tassi di interesse, la compravendita di valute incorpora il rischio di cambio e quella in azioni implica il pericolo di variazioni di prezzo contrarie all'operazione eseguita. Questi rischi possono essere efficacemente coperti mediante l'utilizzo dei futures; in particolare, essi consentono di coprire il rischio mediante l'apertura di posizioni a termine contrarie a quelle sorte dalle contrattazioni a pronti. Tuttavia sono rare le c.d. "coperture perfette" (perfect hedge), vale a dire operazioni di hedging che eliminano completamente il rischio. I principali motivi di ciò sono:

- La durata della copertura è diversa dalla scadenza naturale del future.
- La merce o lo strumento finanziario che deve essere coperto non coincide con l'attività sottostante del future.
- Non si conosce esattamente la data di acquisto o di vendita della merce o del prodotto finanziario.

L'esistenza di questi problemi genera in un'operazione di copertura, il c.d. "Rischio base", definito nel modo seguente:

$$Rischio\ Base = Ps - Pf$$

dove:

- Ps = prezzo a pronti dell'attività da proteggere.
- Pf = prezzo del contratto future da usare.

Dalla formula si deriva che:
- Il rischio base è nullo quando i prezzi del bene sottostante e del future coincidono, circostanza che si verifica solo nel caso in cui l'attività da coprire è la stessa di quella che costituisce il sottostante del future.
- Il rischio base è positivo quando il prezzo spot supera il prezzo future (ciò succede ad esempio per le valute di nazioni ad alto rischio e per alcune merci).
- Il rischio base è negativo quando il prezzo spot è inferiore al prezzo future (caso riscontrabile quando il 'sottostante' è un indice azionario, oro, o valute caratterizzate da bassi tassi d'interesse).

L'oscillazione dei due prezzi fa variare il rischio base.
Un suo aumento, che si verifica quando le variazioni positive di Ps sono superiori alle analoghe oscillazioni di Pf, è chiamato "rafforzamento della base", mentre il caso opposto è denominato "indebolimento della base". Sovente l'hedger deve coprire un rischio generato dalla compravendita di un'attività diversa da quella del sottostante. Attraverso l'operazione di copertura il prezzo che l'hedger si garantisce di dover pagare o riscuotere (a seconda che si tratti di short o long hedge) è:

$$S_{t+1} = F_t - F_{t+1}$$

dove:
- S_t = prezzo a pronti dell'attività da proteggere al tempo t.
- S_{t+1} = prezzo a pronti dell'attività da coprire all'epoca t+1.
- F_t = quotazione del future al tempo t.
- F_{t+1} = prezzo del future al tempo t+1.

Se indichiamo con S^{*}_{t+1} il prezzo al tempo t+1 dell'attività sottostante il future, allora l'equazione $S_{t+1} = F_t - F_{t+1}$ può essere scritta nel modo seguente:

$$Ft + (S^*t+1 - Ft+1) + (St+1 - S^*t+1)$$

dove:

- $(S^*t+1 - Ft+1) + (St+1 - S^*t+1)$ rappresenta il rischio base.
- $(S^*t+1 - Ft+1)$ è la base che si avrebbe se l'attività da coprire fosse ugual a quella sottostante il contratto future.
- $(St+1 - S^*t+1)$ è la base che deriva dalla differenza fra l due attività.

A influenzare il rischio base in maniera rilevante è la scelta del contratto future. Si tratta di una decisione che implica dei problemi operativi. Quando si deve coprire un rischio finanziario sorto per esempio dalla compravendita di una merce, si deve individuare il future più idoneo. Purtroppo non esistono future su tutte le merci o attività finanziarie. Pertanto, se non c'è sul mercato un future con un'attività sottostante uguale a quella da coprire, è necessario fare delle analisi statistiche, per esempio l'analisi di correlazione. Questa analisi studia il legame (la correlazione appunto) esistente fra l'andamento dei prezzi di due o più attività, ad esempio fra la quotazione del future e quello della merce da coprire. Si sceglierà, quindi, quel derivato che avrà la più alta correlazione con il bene sul quale si desidera effettuare l'hedge. Un altro problema sorge nella scelta del mese di consegna. A influenzare questa decisione intervengono fattori di diversa natura, ad esempio, il differente comportamento dei prezzi del future nel tempo. I corsi diventano più erratici nel mese di consegna. In generale si può affermare che il rischio base è legato al tempo in maniera direttamente proporzionale.

- Maggiore è la distanza temporale fra la scadenza della copertura e la data di scadenza del future, più grande è il rischio base. Un metodo utilizzato per ottimizzare ciò consiste nell'acquistare o vendere un future con scadenza il più possibile vicina al mese della scadenza della copertura, ma comunque più lontana nel tempo.

Ad esempio, un contatto con scadenza nel mese di settembre potrà essere scelto per coprire transazioni su merci da effettuare nei mesi di luglio, agosto e settembre. In questo caso non sarebbe adeguato il future scadente in giugno. Tuttavia ci sono dei casi in cui questa strategia non può essere applicata perché la liquidità del mercato non lo permette. Infatti, i mercati più liquidi sono quelli con le scadenze più brevi. Per ovviare a questo problema si ricorre sovente alla tecnica chiamata "roll the hedge forward". Con questo metodo l'hedger effettua le sue coperture utilizzando il contratto con scadenza più vicina (che è il più liquido) con l'intento di assumere le stesse posizioni in un altro con scadenza più lontana nel tempo quando dovrà chiuderlo perché arrivato alla data di scadenza.

Esempio

Supponiamo che nel mese di dicembre 1998 una società venda una certa quantità di merce fabbricata nei suoi impianti di produzione. La consegna di questa merce dovrà avvenire nel mese di febbraio del 2000. Supponiamo che nel mercato siano trattati contratti futures che possano essere utilizzati per la copertura del rischio derivante dalla vendita, e che solo i contratti scadenti nel primo semestre del 1999 siano sufficientemente liquidi per soddisfare le necessità della società. L'hedge consiste nell'assumere posizioni "lunghe" in futures (acquisto di futures). Sotto le ipotesi fatte in precedenza l'azienda acquista un certo numero di contratti futures con scadenza giugno 1999. Nel maggio 1999 la stessa società chiude le posizioni 'lunghe' sui futures aventi data di scadenza giugno 1999 e compra lo stesso numero di contratti futures con scadenza dicembre 1999. Nel novembre 1999 si sposta sui contratti per consegna marzo 2000. Poiché il future per le sue caratteristiche è diverso dall'attività sottostante anche nella dinamica di prezzo, la migliore copertura non è garantita semplicemente dalla negoziazione di futures di segno contrario. Per questa ragione diventa importante determinare il numero ottimale di contratti futures necessari all'immunizzazione del rischio e verificarne l'effettiva capacità di copertura.
La letteratura economico-finnziaria è pervenuta a determinare il numero ottimale di contratti futures utilizzando il modello 'media-varianza'. Per calcolare il numero ottimale di contratti futures è necessario determinare il rapporto di copertura ottimale che

minimizza la varianza della posizione dell'hedger, il cosiddetto "hedge ratio". In generale, il rapporto di copertura ottimale è definito nel seguente modo:

$$\text{Hedge ratio} = \text{corr(S;F)} \times \text{dev,st(S)} / \text{dev.st(F)}$$

dove:

- corr(S;F) = coefficiente di correlazione fra la variazione del prezzo spot in un intervallo temporale uguale alla durata della copertura e la variazione del prezzo future in un periodo di ampiezza uguale alla vita della copertura.
- S = variazione del prezzo spot in un intervallo temporale uguale alla durata della copertura.
- F = variazione del prezzo future in un periodo di ampiezza uguale alla vita della copertura.
- Dev.st (S) = deviazione standard di S.
- Dev.st (F) = deviazione standard di F.

In termini statici l'hedge ratio è il coefficiente angolare della regressione delle variazioni di prezzo della merce sulle variazioni del rispettivo prezzo future. Sempre in campo statico esiste un altro indicatore che fornisce informazioni utili sulla quantità della copertura, l'R-quadro. Un R-quadro vicino a 1 indica che le variazioni del prezzo della merce sono compensate quasi interamente da analoghe variazioni della posizione in future. Al contrario, un R-quadro vicino zero indica una pessima copertura. Definito l'hedge ratio è possibile calcolare il "numero ottimale di contratti" per la copertura attraverso la seguente formula:

$$\text{Numero ottimale} = \text{hr} \times \text{Np} / \text{Qf}$$

dove:

- hr = rapporto ottimale di copertura (l'hedge ratio).
- Np = quantità di merce o di attività finanziarie da proteggere (ad esempio 100 tonnellate di frumento).
- Qf = dimensione di un contratto future espressa in termini unitari.

Concludendo, si suole distinguere la 'copertura dinamica', in cui è prevista una continua osservazione dell'hedge e il suo aggiustamento, dalla 'copertura statica' (hedge and forget), dove la copertura non viene aggiustata nel corso del tempo.

Le Opzioni

Le operazioni in opzioni comportano un elevato livello di rischio. L'investitore che intenda negoziare opzioni deve preliminarmente comprendere il funzionamento delle tipologie di contratti che intende negoziare (put e call).

L'acquisto di un'opzione è un investimento altamente volatile ed è molto elevata la probabilità che l'opzione giunga a scadenza senza alcun valore. In tal caso, l'investitore avrà perso l'intera somma utilizzata per l'acquisto del premio più le commissioni. A seguito dell'acquisto di un'opzione, l'investitore può mantenere la posizione fino a scadenza o effettuare un'operazione di segno inverso, oppure, per le opzioni di tipo "americano", esercitarla prima della scadenza. L'esercizio dell'opzione può comportare o il regolamento in denaro di un differenziale oppure l'acquisto o la consegna dell'attività sottostante. Se l'opzione ha per oggetto contratti futures, l'esercizio della medesima determinerà l'assunzione di una posizione in futures e la connesse obbligazioni concernenti l'adeguamento dei margini di garanzia. Un investitore che si accingesse ad acquistare un'opzione relativa a un'attività il cui prezzo di mercato fosse molto distante dal prezzo a cui risulterebbe conveniente esercitare l'opzione (deep out of the money), deve considerare che la possibilità che l'esercizio dell'opzione diventi profittevole è remota.

- La vendita di un'opzione comporta in generale l'assunzione di un rischio molto più elevato di quello relativo al suo acquisto. Infatti, anche se il premio ricevuto per l'opzione venduta è fisso, le perdite che possono prodursi in capo al venditore dell'opzione possono essere potenzialmente illimitate. Se il prezzo di mercato dell'attività sottostante si muove in modo sfavorevole, il venditore dell'opzione sarà obbligato ad adeguare i margini di garanzia al fine di mantenere la posizione assunta.

Se l'opzione venduta è di tipo "americano", il venditore potrà essere in qualsiasi momento chiamato a regolare l'operazione in denaro o ad acquistare o consegnare l'attività sottostante. Nel caso l'opzione venduta abbia ad oggetto contratti futures, il venditore assumerà una posizione in futures e le connesse obbligazioni concernenti l'adeguamento dei margini di garanzia. L'esposizione al rischio del venditore può essere ridotta detenendo una posizione sul sottostante (titoli, indici o altro) corrispondente a quella con riferimento alla quale l'opzione è stata venduta. Oltre ai fattori fonte di rischi generali già illustrati, l'investitore deve considerare i seguenti ulteriori elementi. L'investitore deve informarsi presso il proprio intermediario circa i termini e le condizioni dei contratti derivati su cui ha intenzione di operare. Particolare attenzione deve essere prestata alle condizioni per le quali l'investitore può essere obbligato a consegnare o a ricevere l'attività sottostante il contratto futures e, con riferimento alle opzioni, alle date di scadenza e alle modalità di esercizio. In talune particolari circostanze le condizioni contrattuali potrebbero essere modificate con decisione dell'organo di vigilanza del mercato o della clearing house al fine di incorporare gli effetti di cambiamenti riguardanti le attività sottostanti.

- Condizioni particolari di illiquidità del mercato nonché l'applicazione di talune regole vigenti su alcuni mercati (quali le sospensioni derivanti da movimenti di prezzo anomali c.d. circuit breakers), possono accrescere il rischio di perdite rendendo impossibile effettuare operazioni o liquidare o neutralizzare le posizioni.

Nel caso di posizioni derivanti dalla vendita di opzioni ciò potrebbe incrementare il rischio di subire delle perdite. Si aggiunge che le relazioni normalmente esistenti tra il prezzo dell'attività sottostante e lo strumento derivato potrebbero non tenere quando, ad esempio, un contratto futures sottostante a un contratto di opzione fosse soggetto a limiti di prezzo mentre l'opzione non lo fosse. L'assenza di un prezzo del sottostante potrebbe rendere difficoltoso il giudizio sulla significatività della valorizzazione del contratto derivato. I guadagni e le perdite relativi a contratti denominati in divise diverse da quella di riferimento per l'investitore (tipicamente la lira) potrebbero essere condizionati dalle variazioni dei tassi di cambio.

Le opzioni sono strumenti derivati, ossia valori mobiliari derivati dalla contrattazione dei titoli sottostanti. Le opzioni furono quotate per la prima volta in un mercato ufficiale nel 1973 negli Stati Uniti, ma le loro origini risalgono all'antica Grecia. Si narra, infatti, che Talete, astrologo greco, fosse stato in grado di predire l'andamento del raccolto delle olive consultando gli astri. Grazie a questa conoscenza, egli aveva acquistato dagli agricoltori il diritto di utilizzare il prodotto del raccolto nella stagione successiva. Le sue previsioni si rivelarono corrette ed egli poté quindi esercitare tale diritto, rivendendo poi il raccolto agli agricoltori vicini, lucrando un profitto.

- Le opzioni sono contratti finanziari che danno al compratore il diritto, ma non il dovere, di comprare, nel caso di opzioni call, o di vendere, nel caso di opzioni put, una quantità determinata di un'attività finanziaria o reale sottostante (titoli azionari e obbligazionari, indici azionari, tassi d'interesse, futures, valute, crediti, materie prime, energia, metalli preziosi, merci, prodotti agricoli), a un prezzo determinato, a una data specifica, opzioni di tipo europeo, oppure entro una data specifica, opzioni di tipo americano.

Gli elementi da prendere in considerazione per la comprensione delle caratteristiche di un'opzione sono:
1. Il sottostante
2. Lo strike price
3. Lo stile dell'opzione
4. Il premio
5. La moneyness
6. La scadenza
7. La facoltà di esercizio
8. Il valore intrinseco e valore temporale
9. Il moltiplicatore

1. Sottostante

Il bene sottostante al contratto di opzione può essere:

- Un'attività finanziaria, come azioni, obbligazioni, valute, strumenti finanziari derivati. È importante ricordare che le società, i cui titoli azionari costituiscono il sottostante di opzioni quotate sull'IDEM, non sono in alcun modo coinvolte nell'emissione delle opzioni, ma è la Borsa Italiana a gestire la quotazione e a regolamentare la negoziazione di questi strumenti.
- Una merce, come petrolio, oro, grano.
- Un evento di varia natura.

In ogni caso il sottostante deve essere scambiato su un mercato con quotazioni ufficiali o pubblicamente riconosciute ovvero, nel caso di evento, oggettivamente riscontrabile.

- Il compratore, c.d. holder, dietro pagamento di una somma di denaro, detta premio, acquista il diritto di vendere o comprare l'attività sottostante. L'acquirente apre una posizione lunga (long position).
- Il venditore, c.d. Writer, percepisce il premio e, in cambio, è obbligato alla vendita o all'acquisto del bene sottostante su richiesta del compratore. Il venditore apre una posizione corta (short position).

Nel momento in cui il compratore dell'opzione esercita il diritto, cioè decide di acquistare (call) o vendere (put), si verificano i seguenti scenari:

- Nel caso di opzione call, il compratore dell'opzione call riceverà dal venditore la differenza fra il prezzo corrente del sottostante (c.d. prezzo spot) e prezzo di esercizio.
- Nel caso di opzione put, il compratore dell'opzione riceverà la differenza tra prezzo di esercizio e prezzo spot.

2. Strike Price

Un'opzione ha come primo elemento di standardizzazione lo strike price (in italiano: base oppure prezzo di esercizio). Esso indica il prezzo a cui l'investitore, esercitando il diritto incorporato nell'opzione, compra o vende il sottostante, a seconda che sia in possesso di una call o una put. Ad esempio l'acquisto di una call (di tipo americano) sul titolo Fiat, con strike 7,00 implica che entro la scadenza si può esercitare il contratto, comprando il sottostante con un costo di 7 € per azione.

Se si acquista un'opzione put (di tipo americano) sul titolo Mediaset, con strike 4, si ha il diritto di vendere il sottostante entro la scadenza a un prezzo di 4 € per azione.

- Il prezzo di acquisto e di vendita è pertanto predefinito nel contratto di opzione.

3. Stile

Le opzioni possono essere di stile europeo o americano:

- Opzioni di stile americano: il diritto incorporato nell'opzione, ovvero acquistare il sottostante nel caso di opzione call e venderlo nel caso di opzioni put, può essere esercitato in ogni momento, prima
- della scadenza (è il caso delle opzioni su azioni quotate sull'IDEM).
- Opzioni di stile europeo: l'acquirente può esercitare l'opzione solo alla scadenza del contratto (è il caso delle opzioni sull'indice FTSE MIB quotato sull'IDEM).

4. Premio

I compratori di opzioni pagano un premio per avere il diritto di esercitare alla scadenza (entro la scadenza nel caso di stile americano) i contratti stessi. Il premio è il prezzo che viene pagato all'acquisto dell'opzione e che non è restituibile all'investitore, sia che l'opzione venga esercitata o meno.

La liquidazione del contratto può avvenire mediante:

- Lo scambio di una somma di denaro (cash settlement) determinata, per le opzioni call, come differenza tra il prezzo di liquidazione dell'attività sottostante e il prezzo di esercizio, ovvero, per le opzioni put, come differenza tra il prezzo di esercizio e il prezzo di liquidazione dell'attività sottostante.

- La consegna fisica dell'attività sottostante (physical settlement) il giorno in cui la facoltà è esercitata o alla scadenza.

Esempio

06 Febbraio 2001: l'investitore acquista un'opzione put sul titolo Telecom Italia, scadenza febbraio, strike 13,50.
Il premio dell'opzione è pari a 0,4590 €, e il sottostante (l'azione Telecom Italia) quota 13,55 €.
Poiché un'opzione sul titolo Telecom Italia, ha un lotto minimo pari a 1.000, occorre moltiplicare il premio dell'opzione per 1.000, per ottenere il prezzo complessivo - 459 € - che l'acquirente dovrà pagare alla propria banca per acquistare l'opzione put.

5. Moneyness

La relazione fra prezzo del sottostante (prezzo spot) e prezzo di esercizio (strike price) determina anche la cosiddetta moneyness di un'opzione. Questo concetto esprime la distanza fra i due prezzi. Le opzioni, a seconda della posizione dello strike price rispetto al prezzo corrente del sottostante, siano esse su indici o su titoli, si definiscono:

1. At-the-money (ATM)

- Un'opzione call è at-the-money quando lo strike è "circa" uguale al prezzo del sottostante. In questo caso è indifferente esercitare l'opzione.
  Esempio: un'opzione sul titolo Fiat con strike 27, quando il valore del titolo è pari a 26,90 €, può essere considerata at-the-money.
- Un'opzione put è at-the-money quando il suo strike è uguale, o comunque molto vicino, al prezzo del sottostante. In questo caso è indifferente esercitare l'opzione.
  Esempio: un'opzione put sull'indice FTES MIB, con strike 34.000 e il valore dell'indice pari a 34.020 è at-the-money.

2. Out-the-money (OTM)

- Un'opzione call è out-of-the money quando il suo strike è maggiore del prezzo corrente del sottostante e quindi l'acquirente dell'opzione rinuncia all'esercizio. In questo caso non è conveniente esercitare l'opzione. Nel caso di prezzo di mercato molto inferiore al prezzo di esercizio si parla di opzione call deep out of the money.
  Esempio: un'opzione call sull'indice FTSE MIB, con strike 34.300 quando il valore dell'indice MIB 30 pari a 34.000 è out-of-the-money di 300 punti.

- Un'opzione put è out-of-the-money quando il suo strike è inferiore al prezzo corrente del sottostante e quindi l'acquirente dell'opzione rinuncia all'esercizio. In questo caso non è conveniente esercitare l'opzione. Nel caso di prezzo di mercato molto superiore al prezzo di esercizio si parla di opzione put deep out of the money.
  Esempio: Un'opzione put sul titolo Olivetti, con strike 2,8, quando l'azione vale 2,95 €, è out-of-the-money di 0,15 €.

3. In-the-money (ITM)

- Un'opzione call è in-the-money, quando lo strike price è inferiore al prezzo corrente del sottostante. In questo caso vi è convenienza a esercitare l'opzione. Il significato economico di un'opzione call in-the-money è dato dal diritto per l'acquirente di acquistare, attraverso l'esercizio dell'opzione, il sottostante ad un prezzo inferiore a quello presente sul mercato cash e quindi di ottenere un profitto dall'esercizio dell'opzione stessa. Nel caso di prezzo di mercato molto superiore al prezzo di esercizio si parla di opzione call deep in the money.
  Esempio: Un'opzione call sui titoli Banca Intesa, con strike pari a 17 quando il titolo vale 18 €, è un'opzione in the money; infatti, lo strike è inferiore al prezzo corrente del titolo. L'opzione è in-the-money di 1 €.

- Un'opzione put è in-the-money quando il suo strike è superiore al prezzo del sottostante. In questo caso vi è convenienza a esercitare l'opzione. Il significato economico di un'opzione put in-the-money consiste nel diritto per l'acquirente dell'opzione di vendere, attraverso l'esercizio dell'opzione, il sottostante ad un prezzo superiore a quello presente sul mercato cash e quindi di ottenere un profitto dall'esercizio dell'opzione stessa. Nel caso di prezzo di mercato molto inferiore al prezzo di esercizio si parla di opzione put deep in the money.

  Esempio: Un'opzione put sull'indice FTSE MIB, con strike 44.500, e il valore dell'indice pari a 44.000, è in-the-money di 500 punti .

  Quando un'opzione è in-the-money è sempre conveniente il suo esercizio, ma non è detto che il risultato globale dell'operazione sia positivo: la differenza tra prezzo di mercato e prezzo di esercizio potrebbe non compensare il premio pagato all'inizio del contratto. Pertanto il punto di pareggio per l'acquirente di una call è costituito da un prezzo di mercato dell'asset sottostante uguale al prezzo di esercizio aumentato del premio.

Possiamo quindi affermare che:

Acquirente call:
- Perdita massima uguale al premio pagato.
- Nel caso le condizioni di mercato non rendano conveniente l'esercizio dell'opzione non si hanno altri obblighi e l'unico esborso è costituito dal premio.
- Guadagno massimo potenzialmente illimitato.
- Si usa questa notazione per indicare il fatto che non è possibile conoscere il valore futuro di mercato del sottostante; questo potrebbe anche crescere in maniera illimitata e quindi la differenza tra prezzo di mercato e prezzo di esercizio guadagnata dal compratore potrebbe essere illimitata.

Venditore call:

- Guadagno massimo uguale al premio pagato. Nel caso le condizioni di mercato non rendano conveniente l'esercizio dell'opzione il premio è comunque acquisito.
- Perdita massima potenzialmente illimitata. Come spiegato per l'acquirente, non è possibile conoscere il valore futuro di mercato del sottostante; il venditore potrebbe essere costretto a vendere il sottostante a un prezzo decisamente inferiore al prezzo di mercato.

Lo stesso vale nel caso opposto. Quando l'opzione put è in the money è sempre conveniente il suo esercizio, ma non è detto che il risultato globale dell'operazione sia positivo: il guadagno, che è pari alla differenza tra prezzo di esercizio prezzo di mercato potrebbe non compensare il premio pagato all'inizio del contratto. Pertanto il punto di pareggio per l'acquirente di una put è costituito da un prezzo di esercizio dell'asset sottostante uguale al prezzo di mercato aumentato del premio.
Possiamo quindi affermare che:

Acquirente put:

- Perdita massima uguale al premio pagato.
- Nel caso le condizioni di mercato non rendano conveniente l'esercizio dell'opzione non si hanno altri obblighi e l'unico esborso è costituito dal premio.
- Guadagno massimo uguale al prezzo di esercizio meno il premio.
  Si pensi al caso limite in cui il prezzo di mercato sia zero (il sottostante non ha nessun valore); io posso ugualmente venderlo e ottenere così una somma di denaro per qualcosa che non vale. 56

Venditore put:

- Guadagno massimo uguale al premio pagato. Nel caso le condizioni di mercato non rendano conveniente l'esercizio dell'opzione il premio è comunque acquisito.

- Perdita massima uguale al prezzo di esercizio meno il premio. Si pensi al caso limite in cui il prezzo di mercato sia zero (il sottostante non ha nessun valore); analizzando il punto di vista del venditore, egli è costretto a pagare il prezzo di esercizio per un'attività che non ha valore.

L'esecuzione del contratto, per le opzioni in-the-money, può realizzarsi:
- Con l'effettiva consegna del bene sottostante, e allora si parla di consegna fisica o physical delivery.
- Con la consegna del differenziale in denaro tra il prezzo corrente del sottostante e il prezzo di esercizio: cash settlement.

6. Scadenza

Le opzioni sono caratterizzate da una scadenza, alla quale (o entro la quale, nel caso di opzioni di stile americano) o vengono esercitate, o scadono senza valore. Le opzioni sulle singole azioni e sull'indice FTSE MIB quotate sull'IDEM hanno scadenze mensili e trimestrali (marzo, giugno, settembre, dicembre). In ciascuna seduta di contrattazione, sono quotate contemporaneamente sei scadenze:
- Le quattro scadenze trimestrali.
- Le due scadenze mensili più vicine.

Per le opzioni su azioni e sull'indice FTSE MIB il giorno di scadenza è il terzo venerdì del mese di scadenza.
Le contrattazioni sulle serie di opzioni in scadenza terminano, nel caso di opzioni su azioni, il giovedì immediatamente precedente la scadenza mentre per le opzioni sull'indice FTSE MIB, contestualmente alla scadenza delle stesse (ore 9:30 del giorno di scadenza).

7. Facoltà di esercizio

L'esercizio di un'opzione è una facoltà disponibile solo per chi ha acquistato l'opzione, call o put, sia essa di stile europeo o americano e implica la trasformazione della posizione in opzioni in una posizione di acquisto/vendita sul mercato sottostante. Nel caso in cui un'opzione call venga esercitata, la posizione contabile dell'investitore cambierà nel seguente modo:

- 1 febbraio 2001: acquisto 1 opzione call sul titolo Fiat, prezzo base 27 €, scadenza febbraio. Prezzo del titolo Fiat: 26,70 €.
- 16 febbraio 2000: giorno di scadenza delle opzioni con scadenza febbraio. Prezzo del titolo Fiat: 28,2 €.

L'investitore esercita l'opzione call, acquistando così i titoli Fiat a un prezzo unitario pari allo strike price dell'opzione: 27 €, potendo rivenderli immediatamente a 28,2. Nel caso di un'opzione put esercitata, la posizione dell'investitore cambia nel seguente modo:

- 1 febbraio 2001: Acquisto di un'opzione put su Fiat, scadenza luglio, strike 28. Prezzo del titolo Fiat: 26,70 €.
- 16 febbraio 2000: giorno di scadenza delle opzioni con scadenza febbraio. Prezzo del titolo Fiat: 27,2 €.

L'investitore esercita l'opzione put acquistata, vendendo così i titoli Fiat a un prezzo unitario di 28 €, pari allo strike price dell'opzione put.

8. Valore intrinseco e Valore temporale

Il valore - o premio - di un contratto d'opzione è composto da valore intrinseco (Vi) e valore temporale (Vt).
Il valore intrinseco (Vi) è facilmente definibile, secondo una semplice formula:

Vi Opzione Call = Prezzo del Sottostante − Strike

Esempio: se l'indice MIB 30 quota 44.500, l'opzione call con strike 44.300 avrà un valore intrinseco pari a:

56

$$44.500 - 44.300 = 200 \text{ punti indice.}$$

Vi Opzione Put = Strike – Prezzo del Sottostante

Esempio: se il titolo Olivetti vale 2,80 €, un'opzione put con strike 3,00 € avrà il seguente valore intrinseco:

$$3,00 - 2,80 = 0,20 \text{ €}$$

Il Valore intrinseco (Vi) indica, quindi, di quanto un'opzione è in-the-money. Il valore intrinseco non può assumere valori negativi in quanto il portatore ha il diritto, ma non l'obbligo, di acquistare o vendere; pertanto, nel caso in cui il prezzo corrente del sottostante al momento dell'esercizio fosse inferiore al prezzo di esercizio della call (o viceversa per la put), eviterà semplicemente di esercitare il diritto, con una perdita limitata alle somme pagate per il premio. Solo un'opzione in-the-money ha un valore intrinseco superiore a zero, viceversa le opzioni at-the-money oppure out-of-the money hanno valore intrinseco pari a zero. Il valore temporale (Vt) è la componente di valore di un'opzione che si aggiunge al valore intrinseco nel calcolare il premio, calcolabile come differenza tra il premio dell'opzione e il valore intrinseco:

$$Vt = Pr - Vi$$

Esempio
- Valore azione Apple pari a 105 $.
- Acquisto di 1 opzione call sul titolo Apple, scadenza giugno, strike 90, premio 20.

Abbiamo:

$$Vi = Prezzo - Strike = 105 - 90 = 15 \text{ $}$$

$$Vt = Premio - Vi = 20 - 15 = 5 \text{ $}$$

Il valore temporale rappresenta quanto un investitore è disposto a pagare, oltre al valore intrinseco, nella speranza che il sottostante si muova concordemente con la posizione presa, facendo così aumentare di valore l'opzione detenuta. Il valore temporale, quindi, decrescerà man mano che ci avvicina alla scadenza. Il valore delle opzioni ATM o OTM, sarà costituito dalla sola componente temporale, dal momento che il loro valore intrinseco è prossimo a zero.

9. Moltiplicatore

Il lotto minimo di negoziazione definisce quante unità del sottostante sono controllate da un unico contratto d'opzione negoziato sul mercato IDEM. Il lotto viene fissato dalla Borsa Italiana. Il lotto minimo è il "moltiplicatore" che occorre utilizzare per determinare la dimensione di un singolo contratto d'opzione.

Ad esempio, se il lotto minimo relativo all'opzione su Telecom Italia è pari a 1.000, ciò significa che ciascun contratto d'opzione su Telecom Italia, negoziabile sull'IDEM controlla 1.000 azioni Telecom Italia.

Per quanto riguarda il contratto d'opzione sull'indice FTSE MIB, quotato in punti indice, il moltiplicatore definisce il valore di un punto indice, attualmente pari a 2,5 € per ogni punto. La dimensione del contratto è un fattore necessario per calcolare il prezzo finale che l'investitore deve pagare all'acquisto dell'opzione.

10. Put-Call Parity

Il Put-call parity è un'importante relazione tra i prezzi delle opzioni call e put. Questa relazione stabilisce che la differenza tra il prezzo di un'opzione call e il prezzo di un'opzione put è uguale alla differenza tra il prezzo attuale del sottostante e il valore attuale dello strike price delle opzioni.

La formula Put-Call Parity è la seguente:

$$C - P = S0 - KV(t,T)$$

dove:

- V(t,T) = e indica il valore attuale al tempo t, di un euro scadente al tempo T, utilizzando la capitalizzazione istantanea (ad esempio 0,98 € diventeranno 1 € fra tre mesi: 0,98 è il valore attuale).
- C = costo dell'opzione call.
- P = costo dell'opzione put.
- S0 = prezzo del titolo sottostante le opzioni.
- K = prezzo di esercizio delle opzioni put e call a scadenza.

La put-call parity può essere riscritta in vari modi, ottenendo:

$$C = P + S0 - KV(t,T) \text{ Acquisto di un'opzione call}$$

$$P = C - S0 + KV(t,T) \text{ Acquisto di un'opzione put}$$

$$- C = - P - S0 + KV(t,T) \text{ Vendita di un'opzione call}$$

$$- P = - C + S0 - KV(t,T) \text{ Vendita di un'opzione put}$$

$$S0 = C - P + KV(t,T) \text{ Acquisto di un'azione}$$

$$- S0 = P - C - KV(t,T) \text{ Vendita di un'azione}$$

Esempio

Ipotizziamo il caso in cui:
- la call e la put abbiano una scadenza a 90 giorni
- il prezzo di mercato del titolo sia 90
- il prezzo di esercizio sia 100
- il prezzo della put sia 15
- il valore attuale di 1 € (tra 90 giorni) sia 0,98.

Il prezzo "teorico" della call deve essere:

$$\mathbf{C = P + S0 - KV(t,T) = 15 + 90 - 98 = 7}$$

Supponiamo che, invece, il prezzo di mercato della call sia 8.
Possiamo, quindi, replicare la call costruendo il portafoglio di attività finanziarie:

- Compro la put - 15
- Compro il titolo - 90
- Prendo a prestito + 98
- Vendo la call + 8
- TOTALE + 1 Profitto 62

Si può, quindi, affermare che quando il prezzo di mercato della call è superiore al valore teorico è poco conveniente comprarla, ma conviene venderla, costruendo al tempo stesso un portafoglio, che abbia le stesse caratteristiche.
Supponiamo ora che il prezzo di mercato della call sia 6.
Attuiamo la strategia opposta:

- Vendo la put + 15
- Vendo il titolo + 90
- Investo - 98
- Compro la call + 6
- TOTALE + 1 Profitto

Si può quindi affermare che quando il prezzo di mercato della call è inferiore al valore teorico è conveniente comprarla, replicandola costruendo al tempo stesso un portafoglio che abbia le stesse caratteristiche. Questa relazione è importante perché permette di replicare anche l'andamento dell'azione tramite l'acquisto e la vendita di opzioni call e put.

- L'acquisto di un'azione è uguale a comprare una call, vendere una put e investire il capitale attualizzato dello strike.

La vendita allo scoperto di un titolo può essere replicata dalla seguente strategia: vendita di una call, acquisto di una put ed indebitamento per il valore attualizzato dello strike. Possiamo ancora pensare alla put-call parity in termini di delta delle opzioni.

L'azione ha per definizione delta pari a 1.

La teoria ci dice che il delta di un call e di un put (con la stessa base e la stessa scadenza) sono legati dalla seguente relazione:

Delta call – Delta put = 1

Pertanto un'azione (Delta = 1) può essere replicata:
- comprando una call: (Delta call = 0,6)
- e vendendo un put: (-Delta put = -(-0,4) = 0,4).

Questo è il caso più semplice, ma è possibile replicare qualsiasi tipo di strumento e, specialmente quando i tassi di interesse sono bassi o l'orizzonte temporale è breve, possiamo trascurare il problema del finanziamento e/o investimento: attenzione a non dimenticarlo, in questi casi ha solo un'importanza relativa estremamente bassa e, per semplicità di calcolo, può essere "dimenticato".

11. Finalità

La decisione di stipulare un contratto di opzione può essere ricondotta a tutte le finalità tipiche dei derivati. In particolare:
- Finalità di copertura (hedging): un operatore ha venduto allo scoperto un'attività finanziaria e desidera coprirsi dal rischio di apprezzamento di tale attività in quanto ad una certa data dovrà acquistare i titoli per chiudere la posizione. Tramite l'acquisto di un'opzione call, il cui prezzo strike sia uguale al prezzo al quale ha venduto allo scoperto l'attività finanziaria, potrà immunizzarsi dal rischio di apprezzamento del titolo.
- Finalità speculative: un operatore possiede determinate aspettative sul comportamento futuro del prezzo di un'attività; stipulando un contratto di opzione può assumere una posizione coerente con tali aspettative, in modo da realizzare un pay-off positivo se tali aspettative si verificheranno e di limitare la perdita al pagamento del premio qualora non si verifichino.
- Finalità di arbitraggio: in finanza vi sono delle equivalenze matematiche tra le opzioni, i contratti a termine e i titoli sottostanti. Un operatore, rilevata una diseguaglianza in queste

equivalenze teoriche, può porre in essere un'operatività tale da conseguire un profitto privo di rischio.

Esempio

Consideriamo una call di tipo europeo con le seguenti caratteristiche:
- il sottostante (S) è costituito da un titolo azionario Alfa.
- la quotazione spot di Alfa alla scadenza (St) è pari, nei due casi che andiamo a ipotizzare, a 105 e a 98.
- lo strike price (K) è pari a 100 euro.
- il premio è di 2 euro.
- la scadenza è a 3 mesi.

L'acquirente di questa opzione, dietro pagamento di un premio di 2 euro, alla data di scadenza ha il diritto di acquistare dal venditore un'azione Alfa al prezzo di 100 euro.
- Nel caso la quotazione spot sia pari a 105 euro, l'acquirente avrà convenienza a esercitare l'opzione, ricavando la differenza fra quotazione spot (105) e lo strike (100), pari a 5 euro.

Il suo guadagno sarà quindi di 3 euro, considerando i 2 euro pagati di premio.
- Lo scenario è diverso nel caso la quotazione spot sia pari a 98 euro.

E' evidente che l'acquirente non avrà convenienza a esercitare l'opzione, perché così facendo pagherebbe 100 un titolo la cui quotazione è 98.
La sua perdita è, quindi, limitata al premio pagato (2 euro).
Si noti che, in entrambi i casi, tra le due controparti non viene scambiato alcun flusso di cassa intermedio durante la vita dell'opzione.

Gli Swap

Gli intermediari possono eseguire operazioni su strumenti derivati fuori da mercati organizzati. L'intermediario cui si rivolge l'investitore potrebbe anche porsi in diretta in contropartita del cliente (agire, cioè, in conto proprio).

Per le operazioni effettuate fuori dai mercati organizzati può risultare difficoltoso o impossibile liquidare una posizione o apprezzarne il valore effettivo e valutare l'effettiva esposizione al rischio. Per questi motivi, tali operazioni comportano l'assunzione di rischi più elevati.

Le norme applicabili per tali tipologie di transazioni, poi, potrebbero risultare diverse e fornire una tutela minore all'investitore. Prima di effettuare tali tipologie di operazioni l'investitore deve assumere tutte le informazioni rilevanti sulle medesime, le norme applicabili ed i rischi conseguenti. I contratti di swaps comportano un elevato grado di rischio. Per questi contratti non esiste un mercato secondario e non esiste una forma standard.

Esistono, al più, modelli standardizzati di contratto che sono solitamente adattati caso per caso nei dettagli.

Per questi motivi potrebbe non essere possibile porre termine al contratto prima della scadenza concordata, se non sostenendo oneri elevati. Alla stipula del contratto, il valore di uno swaps è sempre nullo ma esso può assumere rapidamente un valore negativo (o positivo) a seconda di come si muove il parametro a cui è collegato il contratto.

Prima di sottoscrivere un contratto, l'investitore deve essere sicuro di aver ben compreso in quale modo e con quale rapidità le variazioni del parametro di riferimento si riflettono sulla determinazione dei differenziali che dovrà pagare o ricevere. In determinate situazioni, l'investitore può essere chiamato dall'intermediario a versare margini di garanzia anche prima della data di regolamento dei differenziali.

Per questi contratti è particolarmente importante che la controparte dell'operazione sia solida patrimonialmente, poiché nel caso dal contratto si origini un differenziale a favore dell'investitore esso potrà essere effettivamente percepito solo se la controparte risulterà solvibile.

Nel caso il contratto sia stipulato con una controparte terza, l'investitore deve informarsi della solidità della stessa e accertarsi che l'intermediario risponderà in proprio nel caso d'insolvenza della controparte. Se il contratto è stipulato con una controparte estera, i rischi di corretta esecuzione del contratto possono aumentare a seconda delle norme applicabili nel caso di specie.

La traduzione letterale di swap, cioè scambio, identifica la sostanza del contratto: due parti si accordano per scambiare tra di loro flussi di pagamenti (anche detti flussi di cassa) a date certe. I pagamenti possono essere espressi nella stessa valuta o in valute differenti e il loro ammontare è determinato in relazione a un sottostante.

- Gli swap sono contratti OTC (over-the-counter) e, quindi, non negoziati su mercati regolamentati.

Il sottostante può essere di vario tipo e influenza notevolmente le caratteristiche del contratto che può assumere, nella prassi, svariate forme. I contratti swap sono generalmente costituiti in modo tale che, al momento della stipula, le prestazioni previste sono equivalenti. In altri termini, è reso nullo il valore iniziale del contratto, così da non generare alcun flusso di cassa iniziale per compensare la parte gravata dalla prestazione di maggior valore. Se al momento della stipula le due prestazioni sono equivalenti, non è detto che lo rimangano per tutta la vita del contratto. Anzi, è proprio la variazione del valore delle prestazioni che genera il profilo di rischio/rendimento: la parte che è tenuta a una prestazione il cui valore si è deprezzato rispetto al valore iniziale (e, quindi, rispetto alla controprestazione) maturerà un guadagno e viceversa.

La caratteristica essenziale delle operazioni di swap, cioè quella di scambiare dei flussi di cassa, connessi a un'attività sottostante, con altri flussi di cassa di diverso tipo, determina la creazione di nuove opportunità finanziarie altrimenti non conseguibili.

Queste opportunità possono essere sfruttate in funzione di molteplici esigenze, che possono essere di copertura, di speculazione o di arbitraggio, a seconda delle finalità che l'operatore si pone.

- Gli swap costituiscono una delle più recenti innovazioni dei mercati finanziari nell'ambito degli strumenti derivati. I primi contratti swap risalgono agli inizi degli anni ottanta e, da allora, il mercato è cresciuto molto rapidamente, tanto che oggigiorno vengono annualmente negoziati contratti per centinaia di miliardi di dollari in tutto il mondo.

Uno swap implica quindi un accordo privato tra due parti che si scambiano flussi di cassa a date certe, secondo una formulazione predefinita tra di esse.
I flussi di cassa possono essere espressi nella stessa valuta oppure in valute differenti. La determinazione della quantità di flussi da scambiarsi richiede una variabile sottostante. Spesso questa è un tasso di interesse, come il Libor, ma molto ampio è il campo delle variabili usate.
Il Libor (London Interbank Offer Rate) è il tasso d'interesse offerto dalle banche su depositi di altre banche, nei mercati delle Eurovalute.
Il Libor a 3 mesi è il tasso offerto su depositi a 3 mesi, il Libor a 6 mesi è il tasso offerto sui depositi a 6 mesi, e così via. I tassi Libor sono determinati dalle negoziazioni tra banche e cambiano al variare delle condizioni economiche.
Molteplici sono le possibilità di adoperare gli swap per gestire i flussi di cassa e svariati sono gli obiettivi inseguiti dagli utilizzatori di tale strumento. Generalmente, gli swap sono usati per ricoprire o modificare posizioni di rischio e per adeguare un determinato flusso a una desiderata struttura. Essi vengono anche utilizzati al fine di «cogliere valore» nel mercato. Per esempio, grazie ad uno swap, è possibile ridurre l'effettivo costo di un finanziamento o aumentare il rendimento realizzato su di un investimento.
Questo «cogliere valore» del mercato è ottenibile sia arbitraggiando differenti segmenti del mercato sia avvantaggiandosi da anomalie del mercato stesso.

- Inoltre, gli swap consentono di accedere indirettamente a mercati non facilmente o non efficientemente accessibili. Per esempio, una società americana non conosciuta in Giappone potrebbe indebitarsi in Yen ricorrendo a un currency swap che le consenta di trasformare il suo debito in dollari in un debito in Yen. Un altro esempio è rappresentato da una società con basso rating di credito che si vede preclusa la possibilità di accedere all'indebitamento a lungo termine.

Mediante un interest rate swap, la società può trasformare il suo debito a tasso variabile o breve termine in un debito a tasso fisso e medio-lungo termine.

Una delle argomentazioni che viene spesso usata per spiegare la diffusione degli swap riguarda i vantaggi comparati. Ogni società, quando negozia un nuovo prestito, si dirige generalmente verso il mercato dove ha un vantaggio comparato. Per esempio, una società Alfa con buon rating potrebbe avere accesso a prestiti a tassi variabili con spread rispetto al Libor inferiore alla media del mercato e avere invece condizioni pari a quelle di mercato sul segmento dei prestiti a tasso fisso.

Qualora la società Alfa desiderasse indebitarsi a tasso fisso, essa potrebbe sfruttare il vantaggio comparato di cui gode sul segmento dei prestiti a tasso variabile indebitandosi a tasso variabile e ricorrendo ad un interest rate swap, che le consenta di trasformare tale debito in uno a tasso fisso. A fronte di questi innumerevoli possibili vantaggi legati all'utilizzo dei contratti swap, bisogna notare come non sia facile per una parte riconoscere una controparte in grado di combinare le specifiche esigenze in un'appropriata transazione swap, essendo quello degli swap, come detto, un mercato del tipo over-the-counter, ossia un mercato non regolato secondo le norme di una borsa valori.

Può quindi verificarsi che:

1. Le esigenze relative allo swap di una parte non sono generalmente conosciute dalle altre parti.
2. Le parti abbiano una limitata capacità di valutare e accettare il rischio di credito della controparte.
3. Le date di pagamento e la durata di una parte non coincidano con quelle dell'altra.
4. Vi siano differenze nell'ammontare del principale sul quale le parti intendono attuare lo swap.

La maggior parte di questi problemi viene risolto dall'intervento di un intermediario finanziario, che sia in grado di mettere in contatto più utilizzatori di swap e di mediare tra le loro specifiche esigenze.

L'intermediario può svolgere una pura funzione di intermediazione tra le parti oppure può assumersi il rischio del contratto, chiudendolo direttamente con la controparte.

Ovviamente, in questo caso, l'intermediario utilizzerà anche altri strumenti, come ad esempio i contratti futures, per coprire il portafoglio di swap. Lo schema dei flussi finanziari degli swap è completamente diverso da quello degli altri derivati. Lo swap non ha un prezzo di acquisto col quale la controparte diviene proprietaria di un sottostante, o del diritto di acquistarlo/venderlo a un dato prezzo alla scadenza (come per le opzioni call e put), né a scadenza ha facoltà di esercitare o meno tale diritto con dei gradi di libertà: i flussi hanno date certe e stabilite dal contratto, di segno opposto (spesso più di due nel tempo), e quelli di almeno una controparte sono deterministici (di importo noto: es. quantità di valuta, tasso fisso, premio per un CDS). La quantità e valore degli swap scambiabili (e il rischio di controparte) sono meno legati al prezzo del sottostante rispetto ad altri strumenti derivati: con un'opzione, la controparte che acquista deve avere liquidità pari al prezzo del derivato e del sottostante (se esercita l'opzione), mentre per uno swap entrambe le controparti devono essere solvibili, ma solamente per la differenza fra due tassi di interesse (spread fisso-variabile, cambio fra valute, probabilità di default per un CDS) che sono percentuali del sottostante (interessi rispetto al capitale di debito, delta cambio fra valute), e aventi il solito ordine.

Ad esempio, se la controparte non vende a terzi il derivato o non si copre con un derivato di segno opposto (stessa scadenza e sottostante): nello swap di commodity non è necessaria la disponibilità fisica del bene sottostante; in quello di interessi il contratto di swap non necessariamente è legato all'esistenza e/o unicità di debiti a tasso fisso e variabile sottostanti (che potrebbero per contro essere coperti da molteplici swap); nello swap di valute, dove è invece necessaria la disponibilità del bene, a pronti al cambio corrente di mercato, questo ritorna alla controparte a termine al cambio iniziale, in modo indipendente da quanto varia il prezzo relativo fra le valute fra la data a pronti e a termine.

Interest Rate Swap

Gli Interest Rate Swap (I.R.S.) sono contratti in cui due controparti si scambiano pagamenti periodici di interessi, calcolati su una somma di denaro, detta capitale nozionale di riferimento (notional principal amount), per un periodo di tempo predefinito pari alla durata del contratto, e cioè fino alla scadenza (maturity date o termination date) del contratto stesso. Il nome 'interest rate swap' deriva dal fatto che i pagamenti effettuati sono simili ai pagamenti di interessi su un debito.

Si tratta in pratica di un contratto su tassi di interesse, in base al quale due controparti si impegnano a scambiare periodicamente dei flussi di liquidità calcolati sulla base di:

1. un tasso di interesse fisso predeterminato al momento della stipula.
2. un tasso di interesse variabile rilevato puntualmente alle varie scadenze.
3. un ammontare nominale di riferimento.

La parte che paga tasso fisso è detta "fix payer"; la parte che paga tasso variabile è detta "fix receiver".

Convenzionalmente gli I.R.S. contro Euribor prevedono il pagamento del flusso relativo al tasso fisso annualmente con base di calcolo 30/360 e il pagamento del flusso relativo al tasso variabile semestralmente con base di calcolo Act/360 (dove "act" = giorni effettivi di calendario). L'ammontare nominale di riferimento, che non è oggetto di trasferimento materiale, è l'importo sul quale verranno calcolati i flussi di interesse dovuti da ciascuna controparte.

- Stipulando un I.R.S. in cui si paga un tasso fisso e si incassa un tasso variabile si può trasformare una passività a tasso variabile in una a tasso fisso, e quindi proteggersi da un rialzo dei tassi.
- Viceversa stipulando un I.R.S. in cui si incassa un tasso fisso e si paga un tasso variabile si può trasformare una passività a

tasso fisso in una a tasso variabile, e quindi sfruttare un ribasso dei tassi.

Esempio

Un'azienda ha in essere un finanziamento per 4 anni a tasso variabile, Euribor a 6 mesi, e teme che il suo indebitamento possa diventare sempre più oneroso in virtù di aspettative di un rialzo dei tassi.
Con la stipula di un contratto di I.R.S. a 4 anni mediante il quale incassa il tasso variabile Euribor a 6 mesi e paga un tasso fisso del 4.25%, può trasformare la sua passività da tasso variabile a tasso fisso.
La posizione complessiva dell'indebitamento è immunizzata dall'andamento dei tassi di interesse: l'esborso complessivo, su base annua, corrisponde a un tasso pari a 4.25%, quello stabilito contrattualmente alla stipula dell'Irs.

Esistono numerose tipologie di I.R.S.
La più diffusa, denominata plain vanilla swap, presenta le seguenti caratteristiche:
- La durata dello swap è un numero intero di anni.
- Uno dei due flussi di pagamenti è basato su un tasso di interesse fisso, mentre l'altro è indicizzato a un tasso di interesse variabile.
- Il capitale nozionale resta costante per tutta la vita del contratto.

Gli elementi fondamentali di un plain vanilla swap, da indicare nel contratto, sono:
1. La data di stipula del contratto (trade date).
2. Il capitale nozionale di riferimento (notional principal amount), che non viene scambiato tra le parti e serve unicamente per calcolare gli interessi.
3. La data di inizio (effective date), ossia da quando cominciano a maturare gli interessi (normalmente due giorni lavorativi dopo la data di stipula).

4. La data di scadenza (maturity date o termination date) del contratto.
5. Le date di pagamento (payment dates), ossia le date in cui vengono scambiati i flussi di interessi.
6. Il livello del tasso fisso.
7. Il tasso variabile di riferimento (molto spesso sono usati il Libor o altri tassi interbancari, oppure i tassi di interesse pagati sui titoli di stato) e la relativa data di rilevazione (c.d. fixing date).

L'importo da scambiare detto differenziale è determinato da:

$$\Delta s = (TV - TF) * Cn*(gg/360)$$

dove:
- Δs è il differenziale che deve essere pagato dall'acquirente dello swap (cioè colui che si è obbligato a pagare il tasso fisso).
- TF e TV sono rispettivamente il tasso fisso e tasso variabile; Il flusso di interessi a tasso fisso è definito "Gamba Fissa", quello a tasso variabile "Gamba Variabile".
- Cn è il capitale nozionale e gg/360 il fattore tempo che diviene 1 se la scadenza è annuale.

✓ Se **TV > TF**, allora è la banca che paga il differenziale alla azienda.
✓ Se **TF > TV**, allora è l'impresa che paga il differenziale alla banca.

Nella prassi si definisce acquirente dello swap chi corrisponde i pagamenti a tasso fisso e riceve quelli a tasso variabile; si suole anche dire che tale soggetto assume una posizione lunga (long swap position). Simmetricamente, venditore è colui che in cambio del tasso variabile riceve il tasso fisso e si dice che assume una posizione corta (short swap position). Il flusso dei pagamenti di interessi a tasso fisso è detto "gamba fissa".

Il controvalore di ciascun pagamento è dato dal prodotto del capitale nozionale per il tasso fisso contrattualmente stabilito e riferito alla frazione d'anno di pertinenza (fixed rate day count fraction).

- Il flusso dei pagamenti a tasso variabile è detto "gamba variabile".

Il relativo controvalore unitario è il risultato del prodotto del capitale nozionale per il tasso variabile fissato alla data di rilevazione indicata nel contratto (fixing date) e riferito alla frazione d'anno di pertinenza (floating rate day count fraction).

- Si definisce tasso swap (c.d. swap rate) quel valore del tasso fisso che rende nullo il valore del contratto al momento della sua stipula.

Si determina eguagliando il valore attuale dell'insieme dei pagamenti della gamba fissa al valore attuale dell'insieme dei pagamenti della gamba variabile.

In queste condizioni, le due prestazioni, al momento della stipula, sono equivalenti e si ha un "at-the-money par swap". Durante la vita del contratto, la valutazione a un dato momento di uno swap è data dalla differenza tra i valori attuali dei flussi di pagamenti delle due gambe – fissa e variabile – ancora dovuti in base alla previsione contrattuale. Le variazioni del tasso variabile, rispetto ai livelli ipotizzati al momento della conclusione del contratto, determinano il profilo di rischio/rendimento del plain vanilla swap. In particolare, se il tasso variabile risulta superiore alle aspettative, l'acquirente dello swap, cioè colui che è obbligato a pagare il tasso fisso, matura un profitto (in quanto, fermo restando i pagamenti a tasso fisso cui è obbligato, riceverà pagamenti a tasso variabile di importo superiore a quanto previsto) e il venditore una perdita, mentre se il tasso variabile scende è il venditore a conseguire un profitto.

Esempio

Si consideri un interest rate swap di tipo plain vanilla in cui:
- il nozionale è pari a 100.000 euro.
- il tasso fisso nominale annuo è pari al 2,5%.

- il tasso variabile è il Libor (London Interbank Offer Rate) a 6 mesi più uno spread dello 0,5%.
- il tasso Libor relativo al primo periodo è fissato al 2%.
- la data di stipula del contratto è il 4 novembre 2004.
- la prima effective date (data a partire dalla quale cominciano a maturare gli interessi) è il 6 novembre 2004.
- la durata dello swap è di due anni.
- il periodo di liquidazione degli interessi è semestrale per entrambe le gambe (cioè per entrambi i flussi di pagamento).
- si ipotizza una certa evoluzione per l'andamento del Libor a sei mesi.

Alla **prima data di liquidazione** degli interessi, 6 maggio 2005, l'acquirente dello swap, cioè colui che paga il tasso fisso, pagherà alla controparte la somma di:

$$100.000 \times 2,5\% / 2 = 1.250 \text{ €}$$

e riceverà, avendo ipotizzato il Libor per il primo periodo pari al 2%, la stessa somma di 1.250 euro, conseguente all'applicazione al nozionale di un tasso annuo del 2,5% (che, considerato il periodo di riferimento semestrale, deve essere diviso per due), dato dal Libor (2%) + lo spread (0,5%).

Alla **seconda data di liquidazione**, 6 novembre 2005, ipotizziamo che il livello del Libor sia pari a 2,2%.
.350 euro, conseguente all'applicazione al nozionale del tasso annuo del 2,7%, dato dal Libor (2,2%) + lo spread (0,50%).

Alla **terza data di liquidazione**, 6 maggio 2006, ipotizziamo un livello del Libor pari al 2,4%.
L'acquirente, a fronte del solito pagamento di 1.250 euro, riceverà la somma di 1.450 euro, conseguente all'applicazione al nozionale del tasso annuo del 2,9%, dato dal Libor (2,4%) + lo spread (0,50%).

Alla **quarta e ultima data di liquidazione**, 6 novembre 2006, con un Libor ipotizzato al 2,1%, l'acquirente pagherà come sempre 1.250

euro e riceverà 1.300 euro, derivanti dall'applicazione al nozionale del tasso annuo del 2,6%, dato dal Libor (2,1%) + lo spread (0,50%).
Generalmente, gli swap sono usati per ricoprire o modificare posizioni di rischio e per adeguare un determinato fl one al nozionale del tasso annuo del 2,6%, dato dal Libor (2,usso a una desiderata struttura. Essi vengono anche utilizzati al fine di «cogliere valore» nel mercato.

Per esempio, grazie a uno swap, è possibile ridurre l'effettivo costo di un finanziamento o aumentare il rendimento realizzato su di un investimento.
Questo «cogliere valore» del mercato è ottenibile sia arbitraggiando differenti segmenti del mercato sia avvantaggiandosi da anomalie del mercato.
Esistono tre tipi di interest rate swap:
1. Coupon swap, contratto con il quale due parti si scambiano un flusso di interessi a tasso fisso e uno a tasso variabile nella solita valuta (floating-to-fixed swap).
2. Basis swap, contratto con il quale due parti si scambiano flussi di interessi entrambi a tasso variabile nella solita valuta (floating-to-floating swap).
3. Cross-currency interest rate swap, contratto con il quale due parti si scambiano due flussi di interessi denominati in due diverse valute (fixed-to-fixed swap).

Inoltre, gli swap consentono di accedere indirettamente a mercati non facilmente o non efficientemente accessibili.
Per esempio, una società americana non conosciuta in Giappone potrebbe indebitarsi in Yen ricorrendo a un currency swap che le consenta di trasformare il suo debito in dollari in un debito in Yen.
Un altro esempio è rappresentato da una società con basso rating di credito che si vede preclusa la possibilità di accedere all'indebitamento a lungo termine. Mediante un interest rate swap, la società può trasformare il suo debito a tasso variabile o breve termine in un debito a tasso fisso e medio-lungo termine.
Il contratto viene utilizzato per convertire delle passività/attività da tasso variabile a tasso fisso o viceversa, senza sostenere costi

all'attivazione del contratto. Esso è quindi adatto per un cliente che voglia modificare il proprio profilo di esposizione al rischio di tasso di interesse, al fine di trarre vantaggio dai possibili effetti di eventuali variazioni future dei tassi, ovvero di immunizzarsi dagli stessi, e non sia disponibile a pagare un costo a fronte di tale operazione.

In particolare, i possibili utilizzi sono i seguenti:

- Stipula di uno swap "fix payer" finalizzato alla conversione di una passività a tasso variabile in una passività a tasso fisso. Utilizzabile da un'impresa che ha contratto un mutuo a tasso variabile e intende coprirsi dal rischio di un rialzo dei tassi di interesse, stabilizzando i flussi di cassa futuri.

- Stipula di uno swap "fix receiver" finalizzato alla conversione di una passività a tasso fisso in una passività a tasso variabile. Utilizzabile da un'impresa che ha contratto un mutuo a tasso fisso e intende avvantaggiarsi di un ipotizzato ribasso dei tassi di interesse.

- Stipula di uno swap "fix receiver" finalizzato alla conversione di un'attività a tasso variabile in un'attività a tasso fisso. Utilizzabile da un'impresa che ha attività a tasso variabile, o assimilabili (es.: crediti commerciali), e intende coprirsi dal rischio di un ribasso dei tassi di interesse, "bloccando" un tasso fisso che si teme non possa essere raggiunto dopo che si è verificato lo scenario atteso di ribasso.

- Stipula di uno swap "fix payer" finalizzato alla conversione di un'attività a tasso fisso in un'attività a tasso variabile.

Utilizzabile da un'impresa che ha attività a tasso fisso o assimilabili (es.: crediti per beni dati in Leasing a tasso fisso, immobili con canoni di locazione fissi, ecc.), e intende avvantaggiarsi di un ipotizzato rialzo dei tassi di interesse .

Una volta stipulato il contratto, il suo valore di mercato varierà al variare dei tassi di interesse:

- Aumenti dei tassi aumentano il valore del contratto per la parte che paga il tasso fisso e lo diminuiscono per la parte che riceve il tasso fisso.

- Diminuzioni dei tassi diminuiscono il valore del contratto per la parte che paga il tasso fisso e lo aumentano per chi riceve il tasso fisso.

Più è lunga la vita residua del contratto, maggiore è la sensibilità del valore alle variazioni percentuali dei tassi.

Esempio

La Banca A propone all'Impresa B un contratto per la copertura di un rischio di oscillazione dei tassi di interesse, su un capitale nozionale di € 2.000.000 per la durata di tre anni a partire dal periodo t.
Inizio il 1/6/t e con scadenza il 1/6/t+3.
L'accordo prevede che l'azienda pagherà un tasso 4,30% fisso a ogni scadenza (giugno di ogni anno a partire dal periodo t). La Banca invece si impegna a pagare un tasso variabile Euribor 3 mesi rilevato il giorno precedente a ciascuna scadenza del contratto. Il pagamento avviene mediante scambio di differenziali a ogni scadenza di periodo.
Supponiamo che l'Euribor di riferimento sia:
- 4,00% al periodo t
- 4,50% al periodo t+1
- 5,00% al periodo t+2

Scadenze	Euribor	Tasso Fisso	Pagam. Banca	Pagam. Impresa	Differ.	Saldo Banca	Saldo Impresa
anno t	4,00%	4,30%	80.000	86.000	6.000	6.000	- 6.000
annpo t+1	4,50%	4,30%	90.000	86.000	4.000	- 4.000	4.000
anno t+2	5,00%	4,30%	100.000	86.000	14.000	- 14.000	14.000

Alla fine il vantaggio per l'impresa è dato da:

(-6.000+4.000+14.000) = 12.000

che riceve dalla banca e neutralizza il suo rischio al rialzo dei tassi.
Graficamente:

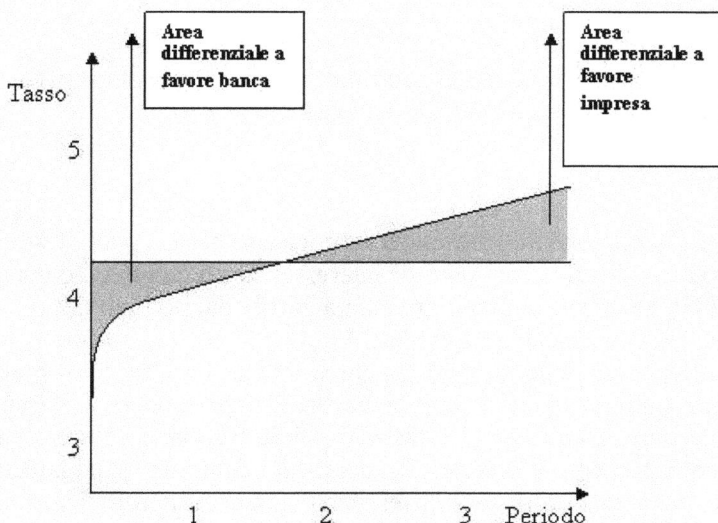

Spesso i sottoscrittori di un contratto di IRS mettono in atto strategie protettive per immunizzarsi dal rischio di un ribasso troppo consistente dei tassi o di un rialzo troppo oneroso di quest'ultimo.

A questo scopo si combinano il contratto di IRS con opzioni di tipo floor o di tipo cap.

- L'opzione cap è una opzione che fissa un tetto massimo all'oscillazione del tasso variabile verso l'alto; infatti, per tassi al di sopra della soglia stabilita si attiva l'opzione e quindi ci si protegge dall'aumento dei tassi.

- L'opzione floor, invece, è un'opzione che fissa invece una base all'oscillazione del tasso variabile che protegge dal ribasso dei tassi.

- La composizione tra l'acquisto di un'opzione cap e la vendita di un'opzione floor genera un contratto collar, grazie a quest'ultimo si fissa un range entro cui potrà oscillare il tasso variabile.

La rischiosità di una linea di gestione di patrimoni

Il servizio di gestione di patrimoni individuale consente di avvalersi delle conoscenze e dell'esperienza di professionisti del settore nella scelta degli strumenti finanziari in cui investire e nell'esecuzione delle relative operazioni. L'investitore, con le modalità preconcordate, può intervenire direttamente nel corso dello svolgimento del servizio di gestione impartendo istruzioni vincolanti per il gestore. La rischiosità della linea di gestione è espressa dalla variabilità dei risultati economici conseguiti dal gestore. L'investitore può orientare la rischiosità del servizio di gestione definendo contrattualmente i limiti entro cui devono essere effettuate le scelte di gestione.

Tali limiti, complessivamente considerati, definiscono le caratteristiche di una linea di gestione e devono essere riportati obbligatoriamente nell'apposito contratto scritto.

La rischiosità effettiva della linea di gestione, tuttavia, dipende dalle scelte operate dall'intermediario che, seppure debbano rimanere entro i limiti contrattuali, sono solitamente caratterizzate da ampi margini di discrezionalità circa i titoli da acquistare o vendere e il momento in cui eseguire le operazioni. L'intermediario deve comunque esplicitare il grado di rischio di ciascuna linea di gestione. L'investitore deve informarsi approfonditamente presso l'intermediario sulle caratteristiche e sul grado di rischio della linea di gestione che intende prescegliere e deve concludere il contratto solo se è ragionevolmente sicuro di aver compreso la natura della linea di gestione ed il grado di esposizione al rischio che essa comporta. Prima di concludere il contratto, una volta apprezzato il grado di rischio della linea di gestione prescelta, l'investitore e l'intermediario devono valutare se l'investimento è adeguato per l'investitore, con particolare riferimento alla situazione patrimoniale, agli obiettivi d'investimento ed alla esperienza nel campo degli investimenti in strumenti finanziari di quest'ultimo.

L'investitore può orientare la rischiosità di una linea di gestione principalmente attraverso la definizione:

- Delle categorie di strumenti finanziari in cui può essere investito il patrimonio del risparmiatore e dai limiti previsti per ciascuna categoria.
- Del grado di leva finanziaria utilizzabile nell'ambito della linea di gestione.

Con riferimento alle categorie di strumenti finanziari e alla valutazione del rischio che tali strumenti comportano per l'investitore, si rimanda alla parte del presente documento sulla valutazione del rischio di un investimento in strumenti finanziari. Le caratteristiche di rischio di una linea di gestione tenderanno a riflettere la rischiosità degli strumenti finanziari in cui esse possono investire, in relazione alla quota che tali strumenti rappresentano rispetto al patrimonio gestito. Ad esempio, una linea di gestione che preveda l'investimento di una percentuale rilevante del patrimonio in titoli a basso rischio, avrà caratteristiche di rischio similari; al contrario, ove la percentuale d'investimenti a basso rischio prevista fosse relativamente piccola, la rischiosità complessiva della linea di gestione sarà diversa e più elevata. Nel contratto di gestione deve essere stabilita la misura massima della leva finanziaria della linea di gestione; la leva è rappresentata da un numero uguale o superiore all'unità. Si premette che per molti investitori deve considerarsi adeguata una leva finanziaria pari a uno. In questo caso, infatti, essa non influisce sulla rischiosità della linea di gestione.

La leva finanziaria, in sintesi, misura di quante volte l'intermediario può incrementare il controvalore degli strumenti finanziari detenuti in gestione per conto del cliente rispetto al patrimonio di pertinenza del cliente stesso.

L'incremento della leva finanziaria utilizzata comporta un aumento della rischiosità della linea di gestione patrimoniale. L'intermediario può innalzare la misura della leva finanziaria facendo ricorso a finanziamenti oppure concordando con le controparti di regolare in modo differito le operazioni ovvero utilizzando strumenti finanziari derivati (ove previsti dalla linea di gestione).

L'investitore, prima di selezionare una misura massima della leva finanziaria superiore all'unità, oltre a valutarne con l'intermediario l'adeguatezza in relazione alle proprie caratteristiche personali, deve:

- Indicare nel contratto di gestione il limite massimo di perdite al raggiungimento delle quali l'intermediario è tenuto a riportare la leva finanziaria a un valore pari a uno (cioè a chiudere le posizioni finanziate).

- Comprendere che variazioni di modesta entità dei prezzi degli strumenti finanziari presenti nel patrimonio gestito possono determinare variazioni tanto più elevate quanto maggiore è la misura della leva finanziaria utilizzata e che, in caso di variazioni negative dei prezzi degli strumenti finanziari, il valore del patrimonio può diminuire notevolmente.

- Comprendere che l'uso di una leva finanziaria superiore all'unità può provocare, in caso di risultati negativi della gestione, perdite anche eccedenti il patrimonio conferito in gestione e che pertanto l'investitore potrebbe trovarsi in una situazione di debito nei confronti dell'intermediario.

Asset Class

L'asset class più sicura è la liquidità. E' costituita da contante, conti correnti bancari, depositi postali, certificati di deposito, Bot; tali investimenti sono quelli più sicuri, ma offrono rendimenti molto bassi, soprattutto in relazione al tasso d'inflazione. L'investimento in strumenti di liquidità comporta in genere una perdita del potere d'acquisto in termini reali, per cui dovrebbe costituire per lo più un parcheggio temporaneo dei propri capitali per le spese correnti. Se si vuole ottenere un rendimento maggiore, ci si può orientare verso le obbligazioni che possono essere emesse da singoli stati, da enti sovranazionali (Bei, Birs), oppure da singole aziende. Le emissioni obbligazionarie vengono classificate in base ad un merito creditizio (rating); ad un rating più basso, corrisponde maggior rischio e di conseguenza vengono remunerate da un maggior rendimento.

E' il caso delle obbligazioni ad "alto rendimento" dette anche high yield, che pagano cedole maggiori ma sono molto più volatili e rischiose (vedi Argentina, Cirio e Parmalat). In ogni portafoglio, seppur in quote diverse, è bene inserire anche una quota azionaria. Le azioni, pur essendo l'asset class più rischiosa, sono storicamente quelle che, nonostante notevoli oscillazioni di prezzo, hanno dato il maggior rendimento. Il modo migliore per investire sul mercato azionario è attraverso strumenti a basso costo come gli Etf; assicurano infatti un'ampia diversificazione, garantiscono esattamente la performance del mercato su cui si va ad investire e nel complesso sono i prodotti più efficienti. E' opportuno precisare che in Borsa occorre investire i soldi di cui non si ha assoluta necessità per almeno qualche anno. Detto questo va valutata la propria propensione al rischio: se una perdita del 20% (cosa che succede molto di frequente) fa perdere il sonno, le azioni non vanno inserite in portafoglio, se non in quota molta modesta e per quella parte di patrimonio che può essere lasciata per un tempo sufficientemente lungo, affinché la sua volatilità nel tempo non si sia ridotta a livelli di sicurezza.

Contrariamente a quello che pensa la maggior parte dei risparmiatori, la performance di un portafoglio, nel tempo, non è data dalla capacità di scegliere i titoli giusti (stock picking) o di entrare e uscire dal mercato nel momento opportuno (market timing), impresa peraltro assai ardua, ma dall'Asset Allocation strategica.

- Numerosi studi effettuati anche da premi Nobel hanno, infatti, dimostrato che più del 90% della performance di un portafoglio dipende da come le attività sono ripartite nel lungo periodo tra azioni, obbligazioni, liquidità, divise, materie prime, immobili e beni di lusso.

Questo non significa che il portafoglio debba essere immobilizzato per anni; è opportuno, anzi, fare periodici ribilanciamenti, ma senza "snaturare" la composizione originaria. Si può affermare con assoluta certezza che non esiste un'allocazione di portafoglio "ideale", valida per tutti gli investitori; si tratta di trovare il "mix" più adatto, al proprio profilo di rischio e ai propri obiettivi. Inutile scegliere una strategia aggressiva per quanto performante, se poi alla prima forte perdita si entra in crisi e si è disposti ad abbandonare. In conclusione, un consiglio: la peggiore strategia è quella di non avere una strategia, cambiando continuamente opinione e facendosi portare a spasso dal mercato e dall'emotività. Ci sono diversi modi per investire. Un pensionato che acquista titoli di stato investe; un gestore di fondi che acquista azioni in borsa, investe. E' facile intuire come siano procedimenti diversi, sia per i capitali disponibili sia, soprattutto, per obiettivi e strategie. Possiamo immaginare che un pensionato che acquista titoli di stato lo faccia per garantirsi un rendimento un po' più alto di quello di un deposito bancario sopportando un rischio finanziario minimo; si muova in un'ottica di medio periodo: 3-5 anni; e utilizzi una strategia semplice: acquisti e tenga i suoi titoli fino alla loro scadenza "naturale". Un gestore di fondi dovrà acquistare e vendere titoli - azioni, obbligazioni e altro - per garantire ai propri clienti un rendimento quantomeno in linea con quello dei fondi concorrenti; dovrà collaborare con analisti finanziari in un complicato lavoro di monitoraggio e valutazione dei mercati e agire con molta tempestività e attenzione.

Ma in entrambi i casi, investimento del pensionato e investimento del gestore, si tratta dello stesso tipo di attività: ambedue stanno infatti spostando potere d'acquisto in là nel tempo. L'investimento è quindi il procedimento con cui ognuno di noi sposta nel tempo le disponibilità che ha, rinunciando a consumarle oggi in vista di un consumo futuro. Proprio per questa ragione ogni investimento viene effettuato col "risparmio" cioè con quanto resta del reddito una volta detratto il consumo. Ogni investimento, (attività finanziarie, immobili, gioielli) può essere definito mediante tre parametri chiave: il rendimento, il rischio e l'orizzonte temporale. Tutti e tre questi concetti sono intuitivi.

- Il rendimento rappresenta la differenza tra quanto io ho investito e quanto ottengo alla fine dell'investimento.
- Il rischio è la probabilità che quanto io otterrò alla fine dell'investimento sia effettivamente molto diverso da quanto mi posso attendere nel momento in cui effettuo l'investimento.
- L'orizzonte temporale è la durata dell'investimento; e cioè, l'intervallo di tempo per il quale "sposto in avanti" le mie disponibilità.

Nel momento in cui decido un investimento vado comunque incontro a una incertezza, al rischio che il rendimento ex ante che prevedo per il mio investimento, in realtà a posteriori non venga raggiunto. Questa incertezza è definita proprio come rischio dell'investimento. Gli investimenti più rischiosi sono quelli nei quali è più difficile prevedere il rendimento ex ante, perché gli elementi che compongono il rendimento sono maggiormente soggetti a future variazioni di valore. Così in ambito finanziario l'investimento a maggior rischio è tipicamente l'azione, mentre quello a minor rischio è solitamente il titolo di stato zero coupon di breve durata. Ci sono tre aspetti di base che compongono il profilo dell'investitore:

- La tolleranza al rischio.
- Gli obiettivi d'investimento.
- L'orizzonte temporale.

La tolleranza al rischio

Il rischio è incertezza, è la possibilità che l'investimento non abbia i risultati sperati. Diversi tipi d'investimento sono soggetti a diversi livelli di rischio. Il livello di rischio che si è in grado di sopportare è un elemento di grande importanza, e deve essere considerato prima di fare un qualsiasi investimento. Confrontarsi con rischi troppo elevati - con rischi superiori alle proprie capacità di sopportarli - può portare a risultati negativi. E' tipico il caso di chi, preso dal panico, vende dopo un crollo del mercato, realizzando magari forti perdite. Valutare adeguatamente la propria tolleranza al rischio è necessario per prevenire decisioni in momenti di panico, e abbandonare il proprio piano di investimento nel momento peggiore. L'approccio migliore è probabilmente quello di esaminare diversi scenari, e in particolare quello peggiore tra i diversi possibili, ad esempio, una perdita su un periodo di un anno, e chiedersi se si possa mantenere il piano d'investimento nonostante tale perdita.

- La tolleranza al rischio è considerata bassa, di solito, quando permette di sostenere perdite fino al 5%, su un periodo di un anno. Le prestazioni dei fondi monetari, dei certificati di deposito, e delle obbligazioni di breve periodo rendono questi titoli adatti a investitori con una bassa tolleranza al rischio: in media, possono perdere al massimo non più del 5% circa in un anno.
- Gli investitori con una moderata tolleranza per il rischio possono di solito sopportare perdite tra il 6% e il 15%. I titoli adatti a una tolleranza al rischio moderata, che possono perdere al massimo tra il 6% e il 15% all'anno, possono includere portafogli di obbligazioni di medio e lungo periodo; e portafogli di azioni con un comportamento simile: solitamente di aziende solide, in settori maturi, con utili costanti, e dividenti altrettanto costanti.
- Gli investitori con un'alta tolleranza al rischio possono di solito sopportare perdite tra il 16% e il 25%. Per chi ha una tolleranza al rischio alta, i titoli adatti potranno essere i

portafogli a "crescita aggressiva", i portafogli di titoli di piccole imprese, e i portafogli di titoli di mercati emergenti.

Analizziamo insieme cosa vuol dire diversificare, concetto assolutamente fondamentale in finanza del quale però si abusa soprattutto per raggiungere i budget di vendita sui prodotti finanziari. Immaginiamo di suddividere a metà il nostro capitale e di investire ciascuna delle due parti in un titolo, uno azionario, Fiat, l'altro obbligazionario, emesso dalla Repubblica Argentina. Il risultato di questo portafoglio sarà influenzato principalmente dalle sorti di questi due emittenti.

Concentrando gli investimenti in singoli titoli ci si espone a un tipo di rischio che non è controllabile da un normale investitore.

• Il rischio diventa incertezza. L'incertezza è diversa dal rischio in quanto il rischio si può quantificare (e, quindi, controllare), mentre l'incertezza no.

Nessun risparmiatore comune dovrebbe avere un portafoglio il cui andamento sia legato eccessivamente alle sorti di pochi singoli emittenti di strumenti finanziari.

In parole povere, se si ahnno in portafoglio singoli titoli per una quota significativa (maggiore del 3-5%) si sta quasi sicuramente correndo un rischio troppo elevato.

Supponiamo ora di voler investire una parte del nostro capitale in azioni: per non legare il nostro portafoglio a singoli emittenti acquistiamo ad esempio un fondo comune o, ancora meglio, un ETF. Abbiamo effettuato una prima diversificazione per emittenti. Attenzione, però. Quando gli indici azionari scendono, quasi tutte le azioni perdono di valore (alcune un po' di più, altre un po' meno) e viceversa. Dal punto di vista del portafoglio (e non del singolo comparto) una diversificazione utile è quella che inserisce nel portafoglio strumenti finanziari che abbiamo "driver" di rendimento diversi, cioè che aumentino di valore a seconda delle fasi del ciclo economico.

Ecco perché è bene suddividere il proprio investimento in obbligazioni, azioni, materie prime, beni rifugio.

Perseguire una buona diversificazione, o meglio, una diversificazione efficiente, consente dunque di ridurre il rischio, una volta deciso il rendimento che si vuole ottenere e, viceversa di aumentare il rendimento atteso se si è determinato il rischio massimo che ci si vuole assumere. Bene, adesso sappiamo che le fondamenta di un portafoglio solido sono costituite da una diversificazione efficiente. Circa il 90% della performance di un portafoglio può essere spiegata direttamente dall'asset allocation iniziale.

Questo significa che, anche se l'asset manager assume e paga dei managers di portafoglio eccezionali che possiedono capacità superiori di stock-picking e di timing, non necessariamente si avranno automaticamente performance straordinarie. Questo perché l'asset allocation iniziale può essere lontano dall'obiettivo in termini di previsioni o di rendimento atteso e, inoltre, il portafoglio può essere seriamente fortemente vincolato da limiti di asset allocation (spesso ci sono vincoli istituzionali e normative che un manager deve rispettare nella scelta degli assets appartenenti ad un determinato portafoglio) che non permettono al manager di portafoglio di sfruttare pienamente le opportunità disponibili per esso.

Dato che una così grande proporzione di performance di portafoglio è spiegata dalla decisione di asset allocation, si può dire che questa è la decisione più importante nella vita di un portafoglio. In generale, non esiste una formula semplice per definire un'asset allocation ottimale.

La costruzione di un portafoglio e il processo di asset allocation, in effetti, possono diventare molto banali o molto complessi, e possono comportare l'utilizzo sia di tecniche qualitative, sia di tecniche quantitative, ma, in genere, non esiste una risposta corretta o una soluzione definitiva per questi processi.

In teoria, l'applicazione di tecniche quantitative porta a portafogli migliori e più robusti in termini di rendimenti relativi, in proporzione al rischio incorso (questo anche perché le tecniche qualitative sono spesso naturalmente soggettive e dipendenti dal manager che deve affrontare le decisioni di buona gestione del portafoglio).

La selezione di titoli o di altri assets in modo casuale appare come un modo poco ottimale, quando il manager dispone di informazioni maggiori, ma in genere, se egli non possiede informazioni aggiuntive, dovrebbe puntare a possedere il benchmark o almeno un adeguato numero di titoli che fanno parte del benchmark, per comporre un portafoglio perfettamente bilanciato che rispecchi il benchmark stesso, in modo d'assicurarsi un adeguato grado di diversificazione e controllo del rischio. L'asset allocation in generale è suddivisa in tre categorie ovvero è orientata secondo tre diversi approcci. In tal senso si parla correntemente di asset allocation strategica, tattica o dinamica.

Gli obiettivi d'investimento

Esistono tre obiettivi d'investimento:
1. La crescita del capitale.
2. La fruizione di una rendita periodica.
3. La protezione del capitale.

E non è facile accordarli.

Il "prezzo" per la protezione del capitale investito è un rendimento ridotto, solitamente nella forma di un reddito annuale più basso.

Poi, tanto più reddito si ritiene di dover ottenere dagli investimenti, tanto meno crescita si otterrà sul capitale investito.

Un reddito periodico sottrae proventi finanziari all'investimento di base, che se opportunamente reinvestiti, genererebbero invece nuovi utili e quindi potrebbero apportare ulteriore valore all'investimento.

Anche in questo caso, ogni persona ha specifici obiettivi di rendimento, che possono differire anche di molto l'uno dall'altro.

Se il portafoglio d'investimento deve fornire una parte importante del reddito annuale, ad esempio, l'investimento dovrà essere strutturato in modo da garantire che questo reddito sia stabile e sicuro.

D'altra parte, persone che investono in vista di eventi futuri - come ad esempio la scuola dei figli, la casa, la pensione - cercheranno rendimenti che tendano ad enfatizzare la crescita del capitale. Molte persone, poi, desidereranno bilanciare le due componenti, in parte reddito corrente, e in parte crescita del capitale. E' importante determinare gli obiettivi di rendimento e scegliere in maniera adeguata: non esiste un investimento che possa fornire contemporaneamente un reddito certo alto ogni anno, protegga il capitale investito e offra un alto potenziale di crescita. Anche su questo tema ci sono diversi trade-off, che possono essere osservati dagli esempi di singole categorie di titoli, dalle meno rischiose alle più rischiose:

- fondi di investimento monetari, certificati di deposito, obbligazioni a breve termine offrono un reddito annuale certo e la protezione del capitale, ma è bassa la potenzialità di crescita futura.
- le obbligazioni di lungo termine offrono un reddito annuale più alto, ma una minore protezione del capitale - sul lungo periodo l'emittente potrebbe diventare insolvente con una maggiore probabilità rispetto al breve periodo - e un potenziale di crescita un po' più alto.
- le azioni di società solide in settori maturi offrono un reddito annuale meno certo, dal momento che i dividendi non sono certi, e nessuna protezione del capitale dal momento che il prezzo delle azioni non è garantito, ma offrono un forte potenziale di crescita.
- infine, azioni a "crescita aggressiva" - società emergenti, mercati emergenti - offrono il più alto potenziale di crescita ma raramente pagano dividendi.

I titoli indicati servono solo come esempi di tipologie, come aiuto per identificare gli obiettivi di rendimento.

Individui con obiettivi di rendimento specifici non investiranno necessariamente solo all'interno di una categoria di titoli.

Diversificare tra diversi tipi di titoli nelle proporzioni adatte aiuterà a raggiungere gli obiettivi di rendimento.

Non esiste un piano d'investimento adatto a tutti gli investitori. A dire il vero non esiste un piano d'investimento adatto a due investitori diversi, probabilmente. Non esistono, infatti, due persone che si assomigliano né come personalità, né come situazione finanziaria. Un piano d'investimento unico non potrebbe rappresentare le diverse situazioni individuali. E' necessario invece disegnare ogni piano di investimento sulle caratteristiche di ogni persona. L'insieme delle caratteristiche di chi investe, per quello che riguarda l'attività d'investimento, compongono il "profilo dell'investitore".

L'orizzonte temporale

L'orizzonte temporale di un investitore misura il massimo intervallo di tempo all'interno del quale l'investitore è in grado di non preoccuparsi delle oscillazioni di valore del proprio investimento.
E' quindi un concetto più ampio della semplice disponibilità liquida, che, in linea generale, rappresenta la misura massima dell'orizzonte temporale.

Esempio

Supponiamo di disporre di un certo ammontare di liquidità da investire.
Supponiamo inoltre che siamo in grado di stabilire con sicurezza che questa liquidità, che costituisce la parte più stabile dei nostri risparmi, non ci sarà necessaria per un lungo intervallo di tempo: 10 anni, ad esempio.
Ebbene, dieci anni sono la misura del nostro orizzonte di disponibilità.
Ma questo è il nostro orizzonte temporale?
No, o perlomeno non ancora.
Per definire il nostro orizzonte è necessario soprattutto sapere per quanto tempo siamo in grado di dormire tranquilli sapendo che i nostri risparmi sono investiti e senza avere la preoccupazione di verificare qual è il valore di mercato del nostro investimento.
Supponiamo che alla fine del primo anno andiamo a verificare qual è il valore del portafoglio e riscontriamo una perdita potenziale pari al 10% del valore del suo valore. A questo punto un investitore può reagire in modi differenti, che sono, di fatto, spiegati proprio dalla misura dell'orizzonte temporale.
C'è chi, in queste condizioni, non esiterebbe a liquidare il portafoglio per cambiare tipo d'investimento passando a qualcosa di meno "rischioso".
Ebbene, questo investitore ha un orizzonte temporale che è al massimo pari a un anno, e che è quindi molto differente rispetto alla misura dell'orizzonte di disponibilità.

Altri, nella stessa situazione, potrebbero rimandare però ogni decisione ad una nuova rivalutazione del portafoglio da effettuarsi più avanti nel tempo.

Questi investitori avranno diversi orizzonti temporali, lunghi più o meno tanto quanto è l'intervallo di tempo che lasciano trascorrere fino alla prossima valutazione del portafoglio in base alla quale decideranno se cambiare il tipo di investimento. Quando ci si riferisce alla valutazione del portafoglio e al cambiamento dell'investimento non ci si riferisce all'attività "ordinaria" di gestione del risparmio.

Nell'attività ordinaria l'investitore, infatti, valuta periodicamente il valore dei propri investimenti e decide se vendere un titolo per acquistarne un altro che ha migliori prospettive. Questa è l'attività ordinaria.

Invece, il tipo di decisione che consegue alle valutazioni di portafoglio e che definisce l'orizzonte temporale è una decisione più strutturale e riguarda il profilo generale del portafoglio, la sua rischiosità, e non tanto i singoli titoli di cui è composto.

- In pratica l'orizzonte temporale è l'intervallo di tempo massimo per il quale riesco a resistere senza fare una valorizzazione del portafoglio per decidere se sia il caso, qualora ci siano ampie oscillazioni di valore, di passare ad un tipo di portafoglio meno rischioso.

Asset Allocation Strategica - AAS

L'asset allocation strategica orienta gli investimenti scegliendo di organizzarli secondo un orizzonte temporale di medio e lungo periodo.

Consiste, quindi nella definizione della politica d'investimento di lungo periodo del portafoglio (investment policy o asset allocation policy) e implica la definizione dei pesi normali o standard delle classi di attività (asset class) incluse nel portafoglio.

Per classe di attività s'intende una categoria di titoli che rispetta due requisiti fondamentali: rappresenta una porzione significativa del mercato ed esibisce modesta correlazione esterna (inter class). L'obiettivo è quello di replicare un indice di riferimento, assumendo come ipotesi che il mercato sia efficiente, caratterizzato quindi, da titoli o classi di titoli che in nessuna maniera risultano sopravvalutati o sottovalutati, poiché tutti gli operatori hanno a disposizione tutta l'informazione disponibile (e quindi anche assenza di asimmetrie informative).

I servizi di gestione del risparmio che si ispirano a questa filosofia hanno "lo scopo di seguire il più vicino possibile il rendimento di un particolare mercato, o un particolare segmento di esso", poiché si ritiene non proponibile il tentativo di realizzare una extra-performance. In questa tipologia di approccio si punta tutto, per così dire, sulla diversificazione trascurando il market timing dell'investimento ma anche la tecnica dello stock picking. L'approccio allocativo fa ricorso all'adozione di un portafoglio all'interno del quale il peso dei diversi asset è esattamente il medesimo del particolare mercato o segmento di esso che si intende replicare. Attraverso il criterio media-varianza vengono individuati tutti i portafogli che massimizzano il rendimento dato un certo livello di rischio per poi procedere a individuare il portafoglio ottimale, che massimizza l'utilità, per l'investitore dato il proprio profilo. La bontà dell'allocazione passiva si valuta misurando lo scostamento (tracking error) del portafoglio replicato dal mercato di riferimento.

L'orizzonte temporale di siffatta politica di investimento non può che essere di medio-lungo termine. I costi associati sono tipicamente inferiori a quelli dei prodotti a gestione attiva.

- Nel mercato azionario statunitense si considerano, ad esempio, tre asset class distinte: le large cap, le mid cap e le small cap. Nel periodo 1973-1999, esse hanno in media rappresentato, rispettivamente, il 66%, il 22% e il 12% della capitalizzazione complessiva dei mercati azionari statunitensi.

Con riferimento al secondo requisito, la correlazione tra i rendimenti di small cap (indice Russell 2000) e large cap (S&P500 Composite), è stata pari a 0,62 nell'ultimo decennio. Essa ha, inoltre, evidenziato un andamento decrescente: 0,80 nel periodo 1990-1995, 0,49 nel periodo 1996-2000. La strategic asset allocation rappresenta quindi l'attività di composizione orientata a scelte d'investimento di medio-lungo termine.
Essa individua l'insieme di classi di attività che ha la maggiore probabilità di dare un corretto premio per il rischio che sia in linea con il livello massimo di rischio accettato nel medio-lungo termine. In via semplificata gli obiettivi di investimento della clientela che determinano il comportamento operativo sui mercati sono due:

- Stabilità: si punta a preservare il valore del capitale sia nel breve sia nel lungo andare, preferendo liquidità e obbligazioni.
- Crescita: si punta alle potenzialità di reddito nel lungo periodo, preferendo gli strumenti del mercato azionario.

A seconda dell'obiettivo prevalente si dovrebbero preferire alternativamente le due principali forme di investimento: azioni da una parte, il cui rendimento deriva dal loro incremento di valore nel lungo termine, e liquidità-obbligazioni dall'altra, il cui rendimento deriva dal pagamento periodico degli interessi e il loro valore tende a rimanere più stabile nel breve come nel lungo termine.
Si tratta quindi di ottimizzare il rapporto rischio-rendimento del portafoglio, una volta determinato il grado di rischio tollerabile. Si tratta in questo caso di stabilire i pesi da attribuire alle componenti del portafoglio (liquidità, obbligazioni, azioni) in funzione della "complessa" condizione soggettiva di chi investe.I mercati finanziari

sono caratterizzati da oscillazioni più o meno rilevanti; il trend o la tendenza di fondo di un mercato è il movimento di base sottostante un orizzonte temporale di medio-lungo periodo ed è la tendenza al quale si rivolge l'asset allocation strategica. In effetti, quest'ultimo non entra nel merito delle politiche d'investimento, ma si limita ad attribuire un peso alle diverse asset class coerentemente con il profilo di rischio e rendimento della specifica categoria di investitori cui il portafoglio è rivolto. Il processo di asset allocation strategica può seguire due diversi approcci:

- **Bottom-up** - L'approccio bottom-up che parte dalla base più semplice al vertice più complesso presuppone la scelta dei migliori titoli a livello nazionale e internazionale, ritenendo che il rischio di portafoglio sia sostanzialmente individuabile nei settori del mercato e dei singoli titoli. Si selezionano i titoli azionari favorendo quelli più validi intrinsecamente, senza considerare le condizioni economiche generali, vale a dire dando priorità alla selezione dei singoli titoli sulla base dell'analisi delle singole aziende e dei settori produttivi a cui appartengono.

- **Top-down** - L'approccio top-down, invece, prevede che il processo di asset allocation abbia come punto di partenza la scelta dei mercati e dei paesi nei quali ripartire il portafoglio e, in un secondo momento, la scelta di settori e titoli. Alla base di questo criterio c'è la convinzione che il rischio di portafoglio dipenda prevalentemente dal mercato e dal paese considerato. La selezione delle più opportune proporzioni d'investimento nelle diverse aree geografiche viene effettuata partendo dall'analisi delle variabili fondamentali, quindi delle tendenze macro-economiche che potrebbero influenzare gli andamenti dei mercati finanziari internazionali nel medio e lungo termine.

Alta propensione al rischio

Azionario	80%
Obbligazionario	15%
Monetario	5%

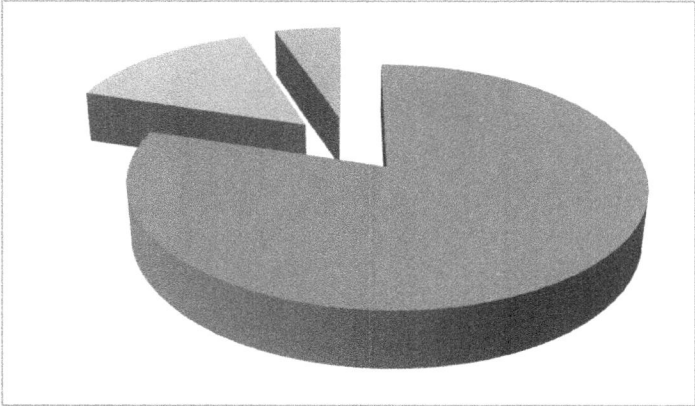

Media propensione al rischio

Azionario	50%
Obbligazionario	45%
Monetario	5%

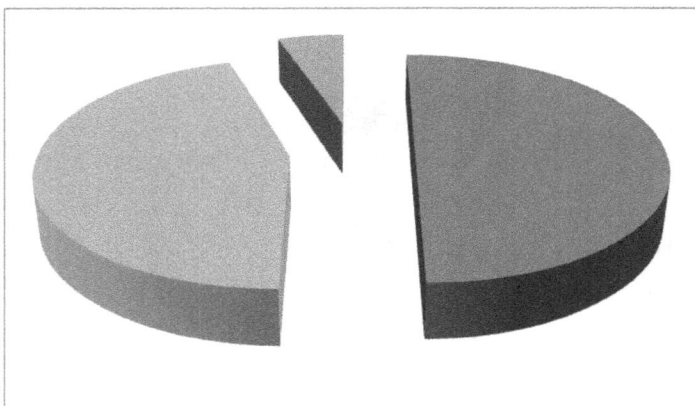

Bassa propensione al rischio

Azionario	
Obbligazionario	80%
Monetario	20%

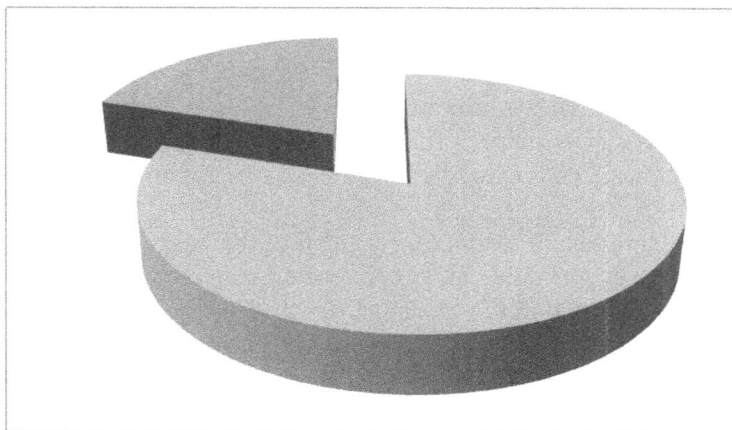

L'asset allocation strategica: un esempio

Peso % Asset Class
- 30% Mkt Monetario Euro
- 15% Mkt Obbligazionario Euro
- 10% Mkt Obbligazionario USA
- 10% Mkt Azionario Euro
- 35% Mkt Azionario USA

I vantaggi dell'Asset Allocation strategica:
1. La riduzione del rischio attraverso la diversificazione.
2. La composizione del portafoglio con gli *asset* che presentano le migliori potenzialità di rendimento.

La diversificazione del portafoglio:
- Il rischio di un portafoglio non è la semplice media ponderata dei rischi delle singole asset class che compongono il portafoglio.
- Il rischio di un portafoglio è, infatti, inferiore alla media ponderata dei rischi dei singoli mercati che lo compongono.
- Tale fenomeno di riduzione del rischio è noto come effetto di diversificazione del rischio: la riduzione del rischio è riconducibile al fatto che i mercati non si muovono in modo identico.
- Al fine di quantificare correttamente il rischio, è necessario introdurre il concetto di correlazione.

Il coefficiente di correlazione lineare:
- La correlazione si ottiene rapportando la covarianza tra due mercati al prodotto delle deviazioni standard dei due mercati.
- Purtroppo la covarianza è un indicatore non interpretabile, per tale ragione conviene guardare direttamente l'indicatore.

Come realizzare una strategia di Asset Allocation strategica?

1. Il ricorso a una strategia definita "Naïve Portfolio". Questa strategia consiste nel creare dei portafogli di asset class notevolmente diversificate, senza tuttavia effettuare previsioni circa l'andamento delle singole asset class.
2. Teoria di Markowitz: questa strategia consiste appunto nel seguire i precetti teorici "dettati" da Markowitz nel lontano 1952, e ancora oggi "imbattuti" per la loro capacità di conciliare la teoria con la pratica.

Le ipotesi di Markovitz:

- L'orizzonte temporale d'investimento è *unico*.
- Gli investitori sono avversi al rischio (il rischio è un male).
- Gli investitori selezionano i portafogli sulla base di due soli parametri, il rendimento medio atteso E(r) e il rischio atteso, rappresentato dalla deviazione standard dei rendimenti (s).

L'utilizzo di Markowitz ai fini della fase dell'Asset Allocation si concretizza nell'utilizzo di un ottimizzatore (software) attraverso il quale inserendo deviazioni standard e rendimenti attesi sia in grado di generare la"frontiera efficiente".

Asset Allocation Tattica - AAT

L'asset allocation tattica è un'allocazione basata su un orizzonte di breve termine e quindi basata su una visione del mercato contingente rispetto a quella strategica. In genere questo tipo di asset allocation è impiegato per adattare l'allocazione strategica a specifici e temporanei trend del mercato, tuttavia una certa coerenza fra questi due tipi di asset allocation permette in genere di evitare errori nella gestione del portafoglio. L'asset allocation tattica consiste nella decisione di sovrappesare o sottopesare le classi di attività rispetto ai pesi normali definiti nell'asset al location strategica, al fine di migliorare il profilo di rischio-rendimento del portafoglio gestito.

- L'attività che conduce alla definizione dell'asset allocation tattica è sovente indicata come tempistica, market timing o anche active asset allocation.

La tactical asset allocation comporta la periodica revisione della composizione strategica del portafoglio finalizzata a cogliere, attraverso variazioni tra le classi di attività e all'interno delle classi stesse, movimenti di medio e breve periodo dei mercati di investimento. Essa identifica aggiustamenti di breve termine alla composizione di base del portafoglio, derivanti da contingenti esigenze di mercato; pone in atto politiche di intervento nei mercati e nei titoli, rispettando i vincoli imposti dalla strategic asset allocation. Il suo contenuto è più operativo di quello della strategic asset allocation, ma non si riferisce ancora alle scelte d'investimento e disinvestimento corrispondenti all'attività di bond e stock selection.

- La tactical asset allocation può concretizzarsi essenzialmente nell'inserimento o eliminazione temporanea di assets, nella variazione dei pesi di assets presenti in portafoglio e nell'attività di market timing.

Le decisioni prese a questo livello comportano una deviazione volontaria per brevi periodi di tempo dalle allocazioni strategiche di medio periodo, con l'obiettivo di aumentare la performance del portafoglio mediante variazioni opportune nella composizione. Il suo focus è quindi di anticipare i movimenti di mercato di breve periodo con piccole variazioni negli assets per ottenere un extraprofitto. Il presupposto essenziale di un'asset allocation tattica è costituto dalla ricerca economica; servono cioè idee di investimento "forti" su mercato, settori, singoli titoli per tentare di anticipare gli eventi e giustificare l'accettazione di maggiori rischi finanziari.

Si riporta di seguito la comparazione tra asset allocation "strategica" e "tattica" nel caso di una gestione individuale per un cliente con media propensione al rischio e orizzonte operativo di 3-5 anni:

Classi di investimento	AAS	AAT	Scostamenti
Liquidità	5%	10%	5%
Obbligazioni	55%	35%	-20%
Azioni	40%	55%	15%

Per modificare temporaneamente l'assetto del portafoglio in funzione del mutare della congiuntura economica può risultare particolarmente utile l'impiego di prodotti derivati.

Tali strumenti consentono, infatti, rapide manovre di aggiustamento del profilo rischio-rendimento di un portafoglio, migliorando l'efficienza gestionale e contenendo i costi di intermediazione.

Quando l'attenzione si concentra su un tipo di asset allocation tattica, si fa implicitamente riferimento al tentativo dei "gestori" di "battere il benchmark" nel suo profilo di rischio-rendimento, contemplando quindi, implicitamente, la possibilità di realizzare una extra-performance. Il tentativo di raggiungere questo risultato si fonda su tecniche di aggiustamento del portafoglio conseguenti ad analisi di mercato e di soggetti emittenti, che si ritiene possano condurre a ottenere risultati migliori rispetto al mercato o segmento di mercato adottato come benchmark. Il richiamo è al market timing (aggiustamento del portafoglio attraverso l'aumento/diminuzione dei pesi di determinati asset in portafoglio in previsione di rendimenti positivi/negativi degli stessi), allo stock picking (analisi e selezione sui fondamentali di bilancio degli assets ritenuti migliori) e perché no, all'utilizzo di tecniche miste di analisi tecnico-statistica.

Da quanto esposto, discende che, a differenza delle gestioni passive, quelle attive possono avere costi maggiori che dovrebbero essere più che coperti dagli extra-rendimenti realizzati, per garantire all'investitore un vantaggio rispetto alle gestioni passive.

L'orizzonte temporale di riferimento per l'asset allocation tattica è inevitabilmente di breve termine, poiché è proprio nel breve che si possono sfruttare le eventuali asimmetrie o inefficienze temporanee che gli operatori e il mercato possono scontare. Un approccio strategico all'attività di allocazione delle risorse, tuttavia, è utile non solo per cercare di realizzare profitti maggiori, ma anche al fine di contenere, in talune fasi di mercato, le eventuali perdite entro limiti di accettabilità tali da essere rispondenti al profilo di rischio del cliente e sostenibili rispetto alle sue caratteristiche patrimoniale e psicologiche.

Asset Allocation Dinamica - AAD

L'asset allocation dinamica, infine, rappresenta un genere di allocazione degli investimenti ancora più orientato a una lettura del mercato sotto la prospettiva temporale del breve termine. Spesso si fa riferimento all'asset allocation dinamica per spiegare rapidi adattamenti del portafoglio a brusche variazioni del mercato. Va però sottolineato che il fattore tempo (timing) è in generale un elemento molto importante per l'asset allocation che è considerata in generale come un processo dinamico. La dynamic asset allocation identifica l'attività di costruzione del portafoglio strategico e tattico attraverso gli strumenti finanziari disponibili, sia che si tratti di valori mobiliari diretti (ad esempio, titoli quotati), sia che si tratti di valori mobiliari indiretti (ad esempio altri portafogli, come i fondi comuni d'investimento). Si colloca tra la tactical e la strategic asset allocation in quanto non cerca di prevedere i movimenti di mercato di breve termine e nemmeno di definire un asset mix di lungo periodo. Essa calcola la migliore allocation strategica per un dato profilo di rischio in un dato arco temporale, rivista poi in funzione dei mutamenti dei mercati e della propensione al rischio. Una delle principali e importanti strategie da adottare per avere una buona asset allocation è usualmente quella di applicare una diversificazione degli investimenti. Esistono diverse modalità di diversificazione di un portafoglio: si può infatti diversificare per tipo di attività finanziaria (azioni, obbligazioni, liquidità), per aree geografiche (america, europa, asia), per settori economici (settore finanziario, farmaceutico, energetico, servizi, telecomunicazioni), per capitalizzazione (titoli a grande, media o bassa capitalizzazione) o ancora per valuta di denominazione dei titoli sui quali si vuole investire (dollari, euro, franco svizzero, lire sterline, yen).

L'uso di diversi tipi di investimento e di diversificazione, può rendere l'asset allocation dei portafogli d'investimento più equilibrata, consentendo di poter scegliere al meglio le opportunità che derivano dall'alternarsi delle varie fasi congiunturali di un mercato globale.

Ovviamente esistono diversissimi profili di investitore che richiedono altrettante gestioni dei singoli portafogli.

Per esempio un investitore orientato con un basso profilo rischio/rendimento sarà tendezialmente più orientato a un portafoglio finanziario con una più elevata componente obbligazionaria che azionaria.

Esempio

Come si potrebbero "allocare" 100.000 euro in maniera aggressiva ma con un rischio relativamente basso, con un orizzonte di breve periodo e potendo seguire il mercato?
Bisogna impostare sul proprio profilo un buon asset allocation strategico di base, che mi protegga il più possibile quando non posso seguire il mercato, insieme a un asset allocation tattico da alimentare continuamente con l'osservazione del mercato e delle relative opportunità.
Per una maggior efficienza di gestione si potrebbero ripartire in tre quote principali:

- ETF + Fondi: 60%
- Azioni + Altro: 20%
- Obbligazioni + Liquidità: 20%

A questo punto definiamo i criteri "interni" a ogni quota:

ETF + Fondi: 32-65%
- ETF e Fondi Azionari (Borse mondiali + Emergenti): da 5% a 30%
- ETF e Fondi Materie Prime (Petrolio, Gas, Metalli): da 2% a 25%
- Fondi Flessibili: da 5% a 10%
- Fondi Obbligazionari MT, LT e Paesi Emergenti: da 20% a 0%

Azioni + Altro: 0-23%
- Azioni ad alta o media Capitalizzazione: da 0% a 18%
- Derivati (Indici, Valute o Materie Prime) : da 0% a 5%

Obbligazioni + Liquidità: 68-12%
- Titoli di Stato: da 40% a 6%
- Obbligazioni: da 8% a 0%

- PCT: da 10% a 3%
- Liquidità: da 10% a 3%

La flessibilità che ne deriva è evidente.

L'investimento può variare dal livello più conservativo in cui la quota "di rischio" è solamente del 12%, fino a diventare decisamente aggressivo con una quota del 78%.

Quest'ultima situazione è da considerarsi realizzabile solo in un mercato al rialzo seguendo attentamente le singole operazioni, per far intervenire eventuali *stop loss* o ridurre decisamente l'esposizione a causa dell'impossibilità di seguire il mercato.

Da notare inoltre che i Derivati non devono essere considerati solo come strumenti speculativi ma anche come strumenti "a protezione del capitale".

Dimensionando, infatti, opportunamente l'acquisto di opzioni o Futures "Put" in base alla componente azionaria detenuta nel portafoglio, è possibile compensare le eventuali perdite derivate da un calo del mercato.

Esempio

Se il nostro desiderio è di non superare in qualsiasi caso una perdita annua del 10% del nostro portafoglio viene immediato considerare, quale componente obbligazionaria in presenza di mercati impostati al rialzo (e quindi con una presenza percentuale di strumenti azionari nell'asset allocation di circa il 27%), l'investimento nel tasso senza rischio annuale che potrebbe essere un titolo senza cedola con scadenza ad un anno dal momento dell'investimento
Ciò ci garantirebbe, al riparo da qualsiasi rischio di mercato, il risultato a scadenza.
Rimarrebbe il rischio emittente che potrebbe essere diversificato considerando in maniera flessibile la perdita annua massima del 10% (ad esempio, come valore centrale di un intervallo compreso tra -9,5% e – 10,5%) e potendo conseguentemente acquistare più titoli di diversi emittenti con le stesse caratteristiche e scadenze prossime all'anno.
In alternativa alla diversificazione per emittente si potrebbe acquistare un ETF obbligazionario indicizzato all'EuroMTS 1-3 anni che, con un rischio di mercato appena più elevato, offre tendenzialmente un rendimento superiore, permette una maggior diversificazione e un considerevole risparmio di costi.
Ipotizziamo di fare questa scelta.
Con indicazioni positive del Leading Indicator avremo pertanto un portafoglio così composto:
- 73% ETF obbligazionario EuroMTS 1-3 anni.
- 27% ETF settore beni industriali.

Ma con indicazioni negative del Leading Indicator è sufficiente liquidare totalmente la parte azionaria e trasferire il ricavato nell'ETF obbligazionario o ci conviene fare qualcosa di diverso?
Guardando al passato possiamo notare che il rendimento annuo del settore dei beni industriali ha un andamento praticamente speculare rispetto a quello dei titoli di stato a lungo termine, qui rappresentati

dall'indice EuroMTS 7-10 (si veda grafico sottostante, a sinistra l'asse del settore Beni industriali).

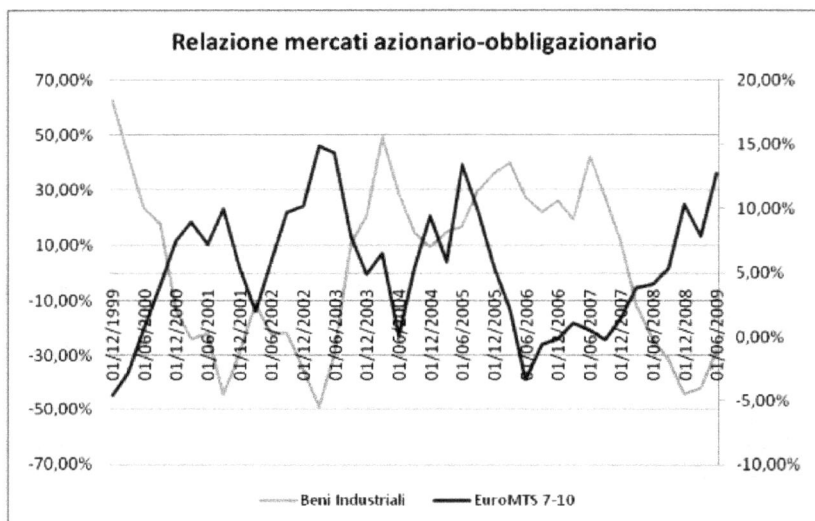

Relazione mercati azionario-obbligazionario

Ciò significa che quando il mercato azionario tende a rendimenti crescenti, il mercato obbligazionario si comporta nella maniera opposta: i rendimenti del comparto obbligazionario tendono a scendere e aumentano pertanto i tassi. Questa relazione è abbastanza intuitiva: quando il ciclo economico è in fase di rallentamento o contrazione i tassi tendono a ridursi e i prezzi delle obbligazioni a salire a causa delle minori spinte inflazionistiche e della ricerca di maggior sicurezza; il contrario quando il ciclo è in fase di ripresa o espansione. L'unico periodo in cui ciò con evidenza non avviene è quello attuale, da marzo 2009, a causa di una crisi dettata principalmente da fattori finanziari piuttosto che economici. Abbiamo in questo modo trovato un'alternativa all'investimento azionario: quando l'indicatore anticipatore ci sconsiglierà l'investimento in azioni sapremo che, con buone probabilità, l'investimento in titoli di stato decennali ci darà risultati apprezzabili.

Tale investimento è preferibile a quello in titoli di stato a più breve termine per la maggior durata finanziaria che permette rendimenti superiori in caso di ribasso dei tassi come testimoniato dal seguente grafico:

In conseguenza a quanto visto, con indicazioni che prevedono un rallentamento dell'economia, l'asset allocation del nostro portafoglio sarà così composta:

- 100% ETF obbligazionario EuroMTS 7-10 anni.

Pertanto nel nostro portafoglio entreranno complessivamente tre strumenti, di cui uno in alternanza con gli altri due. Per come è stato composto il portafoglio i limiti di rischio non verranno mai oltrepassati, in casi estremi verrà liquidata totalmente la componente azionaria, i costi annui di gestione degli ETF sono molto economici, specialmente se confrontati con gli altri prodotti del risparmio gestito, e vedremo che la frequenza, e di conseguenza i costi, delle compravendite per adeguare l'asset allocation alle modifiche dell'economia sarà molto bassa.

Infine, i prodotti utilizzati sembrano sufficientemente semplici (fondi indice) da essere compresi da chiunque.

Forse qualcuno potrà obiettare che sono eccessivamente pochi, bisogna pensare però che il portafoglio degli ETF obbligazionari è composto da una ventina di obbligazioni emesse da 11 Paesi dell'area Euro e il paniere dell'ETF azionario da circa 90 azioni europee.

Se si volesse si potrebbe comunque aumentare la complessità del portafoglio a proprio piacimento, non so se ne aumenterebbe l'efficienza.

Esempio

Questo nostro investitore "modello" non deterrà mai una sola
security ma costruirà un "portafoglio" di attività finanziarie
dove, per calcolarne il rendimento atteso, andremo a sommare
il rendimento dei singoli asset moltiplicandolo per il peso che
hanno nel portafoglio.
Chiariamo il concetto con un esempio.

Attività finanziaria	Rendimento atteso R	Peso p	R x p
A	3%	60%	1,8%
B	10%	30%	3,0%
C	15%	10%	1,5%
Totale			6,3%

La tabella ci indica che il rendimento atteso del portafoglio è del
6,3%, ottenuto sommando i rendimenti di ogni singola security.
Da notare come l'attività finanziaria 'B' incide non poco sul
rendimento atteso totale del portafoglio, in quanto da sola vale più o
meno la metà del totale. Abbiamo visto, dunque, come è possibile
calcolare il rendimento atteso di un portafoglio.
   • Tuttavia manca qualcosa: il rischio.

Per calcolare il rischio di un portafoglio non è sufficiente sommare la
volatilità dei rendimenti delle singole attività o scarto quadratico
medio dei rendimenti (cioè la variabilità dei rendimenti nel tempo).
Ciò che risulta importante è il modo in cui i rendimenti si

comportano l'uno rispetto all'altro (covarianza dei rendimenti). Chiariamo il tutto con un esempio. Supponiamo di avere in portafoglio azioni Eni, Erg e Saipem, cioè tre titoli appartenenti allo stesso settore, cioè quello petrolifero. Siccome sono azioni fortemente correlate tra di loro, è molto probabile che i prezzi si muoveranno in maniera simile. In questo modo non abbiamo assunto tre posizioni ma siamo esposti con una sola posizione sul settore energetico con un rischio pari a tre volte quello di ogni singola posizione. Quello di cui stiamo parlando è certamente il contributo più importante della Portfolio Theory, cioè l'analisi del comportamento congiunto dei rendimenti dei vari asset detenuti in portafoglio. Ciò che andremo a fare è costruire un portafoglio composto da attività finanziarie poco correlate tra di loro attraverso il principio della diversificazione delle risorse. Quando siamo alle prese con un portafoglio diversificato non diventa tanto importante lo scarto quadratico medio dei rendimenti (la variabilità dei rendimenti in un determinato periodo di tempo), ma ciò che interessa particolarmente è verificare il modo in cui ogni asset detenuto in portafoglio è correlato con gli altri.

In pratica dobbiamo valutare l'impatto di una singola attività finanziaria sul rischio totale di portafoglio, in quanto ad esempio potrebbe risultare che titoli con elevato scarto quadratico medio abbiano un lieve impatto sullo scarto quadratico medio del portafoglio totale diversificato oppure che titoli con un basso scarto quadratico medio abbiano una forte incidenza sullo scarto quadratico medio del portafoglio totale. Qual è allora il modo migliore per valutare l'efficienza della gestione di un portafoglio?

A questo proposito esiste un ottimo indicatore utile per valutare il rischio di un titolo rispetto a quello dell'intero mercato. Il rapporto tra il rischio di un titolo e il rischio associato all'intero mercato viene chiamato coefficiente Beta, che è appunto la parte di rendimento del nostro asset dovuto all'andamento del mercato, cioè alla correlazione tra i vari asset.

Con questo coefficiente andiamo a scomporre in due parti il rendimento di un titolo: da un lato abbiamo il rendimento legato all'andamento del mercato, dall'altro quello "slegato" dall'andamento del mercato stesso.

Dunque, il rendimento di un asset generico i (Ri) è uguale alla parte "slegata" dall'andamento del mercato (?i) più la parte del rendimento dovuto all'andamento del mercato (?i * Rm).

- Il coefficiente ?i indica quanto è sensibile un determinato titolo ai movimenti del mercato.
- Se ?i è uguale a 1, il nostro titolo sarà rischioso quanto il mercato.
- Se ?i è maggiore di 1, il nostro asset farà meglio (o peggio) del mercato stesso.
- Infine, se ?i è minore di 1, il nostro asset varierà in misura inferiore rispetto al mercato.

Il coefficiente Beta non solo ci aiuta a misurare il grado di rischiosità del singolo asset ma consente anche una più facile controllabilità del rischio totale di portafoglio.

Ciò vuol dire, dunque, che la misura del rischio del nostro portafoglio dipende dall'indice Beta.

Il Beta viene determinato su serie storica, calcolando per ogni singolo titolo le oscillazioni medie dei prezzi rispetto al mercato evidenziate nel passato.

Generalmente dobbiamo avere a disposizione una serie storica di quotazioni significativa, almeno un anno.

Nell'ambito della misurazione del rischio complessivo di portafoglio, il modo più appropriato di costruire un portafoglio efficiente in termini di rapporto rischio/rendimento non è avere asset senza rischio ma avere una miscela di attività finanziarie caratterizzate da un buon potenziale di rendimento.

Infatti, un asset rischioso ma dotato di bassa correlazione con altre attività presenti in portafoglio può certamente ridurre il rischio complessivo del portafoglio stesso.

Partendo da questi assunti possiamo far riferimento al Capital Asset Pricing Model (CAPM), cioè il modello per il pricing delle attività finanziarie.

Utilizzando questo modello andiamo semplicemente a individuare la motivazione per la quale, a parità di condizioni, il rendimento atteso di un titolo rischioso deve essere superiore a quello di un titolo privo di rischio.

La formula del CAPM è la seguente:

$$Ri = Rf + ? * (Rm - Rf)$$

dove:

- Ri è il rendimento atteso del titolo rischioso che si ottiene sommando al tasso corrente privo di rischio (Rf, task-free) il premio per il rischio (dato dalla differenza tra il rendimento dell'investimento in un titolo rischioso Rm, e il rendimento dell'investimento in titoli privi di rischio, Rf) moltiplicato per il coefficiente Beta (?), che rappresenta la volatilità caratteristica di quel particolare titolo rischioso.

Da questa formula deriva che una variazione in aumento del tasso dei titoli privi di rischio (che possono essere titoli di Stato o titoli corporate ad alto rating) determina un proporzionale incremento del rendimento atteso per il nostro titolo rischioso e viceversa.

Il coefficiente Beta rappresenta la variabile fondamentale di questa formula: infatti, un titolo più rischioso (?>1) dovrà offrire, rispetto a un titolo poco rischioso (?<1) o "difensivo", un rendimento atteso più elevato.

Facciamo ora un esempio pratico su come calcolare il rendimento di un titolo rischioso in base al CAPM.

Supponiamo che per un titolo azionario "a":

- il tasso risk-free (Rf) sia pari al 5%
- il premio per il rischio sia del 4,5%
- il Beta è pari a 1,5

Qual è il rendimento atteso di questo titolo azionario?

$$Ra = 5\% + 1,5 * (9,5\% - 5\%) = 5\% + 6,75\% = 11,75\%.$$

Un altro titolo azionario "b" presenta invece, a parità di condizioni, un Beta pari a 0,5.
Quindi avremo:

$$Rb = 5\% + 0,5 * (9,5\% - 5\%) = 5\% + 2,25\% = 7,25\%$$

Abbiamo dimostrato così come il rendimento atteso per titoli ad alto Beta sia superiore a quelli a basso Beta.
Più l'investimento che scelgo è rischioso, più devo guadagnare rispetto a un puro tasso d'interesse.
Dunque, il "segreto" della diversificazione è nella correlazione tra i rendimenti delle varie attività finanziarie che costituiscono il nostro portafoglio "ideale".
La Teoria di Portafoglio ci fornisce a questo proposito tutti gli strumenti necessari per costruire un portafoglio con asset che, essendo poco correlati fra di loro, riduce enormemente il rischio che invece si avrebbe detenendo asset non scelti attraverso questo modello.

Dall'AAS all'AAD

L'Asset Allocation Strategica è la fase del processo d'investimento nella quale si delinea la politica di investimento di lungo periodo di un portafoglio e implica la definizione dei pesi standard da attribuire a ciascuna asset class (azioni, obbligazioni, cash) in cui si è scelto di investire. Ipotizziamo che l'obiettivo finale dell'Asset Allocation Strategica sia la costruzione di un portafoglio, per dirla alla Markowitz, "efficiente". Ciò avviene in due momenti.

- In un primo momento, applicando il principio della media-varianza-correlazione alle classi di investimento disponibili, si individua l' insieme dei portafogli (efficienti) che danno il massimo rendimento atteso per ogni dato livello di rischio o, in alternativa, il più basso rischio per un dato valore del rendimento atteso.
- Successivamente si analizzano le preferenze soggettive dell'investitore e si sceglie il portafoglio efficiente che massimizza il suo benessere.

Ipotizziamo, ancora, che le classi di investimento siano rappresentate dai comparti della Sicav Schroder (naturalmente possiamo utilizzare comparti di un'altra Sicav o un insieme appropriato di ETF) e che il portafoglio efficiente prescelto sia il seguente:

Portafoglio	Peso
Sisf Euro Short Term Bond Eur	20%
Sisf European Equity Eur	25%
Sisf European Small Cap Eur	15%
Sisf Emerging Markets Usd	15%
Sisf Japanese Small Cap Jpy	10%
Sisf Us Small Cap Usd	15%

Una volta definita la strategia occorre dotarsi degli strumenti più idonei per gestire efficacemente il portafoglio nel tempo. L' Asset Allocation Tattica consiste proprio nella decisione di sottopesare o sovrappesare le asset class rispetto ai pesi normali, al fine di preservare e, se possibile, migliorare il profilo rischio/rendimento del portafoglio in relazione all' evoluzione contingente dei mercati. L'attività che conduce alla definizione dell' asset allocation tattica è spesso indicata come market timing o anche active asset allocation. Nel passaggio dalla strategica alla tattica la domanda centrale è: come modificare i pesi standard e con quali metodologie?

- Una verifica empirica, condotta dal 7 gennaio 2002 al 29 dicembre 2008, contribuisce a chiarire i pregi e i difetti di due distinte tattiche di gestione di un portafoglio, una basata sul ribilanciamento periodico dei pesi (constant mix) e l' altra basata su strumenti tecnico-statistici (gestione tecnica).

La tecnica del constant mix consiste nel riportare al loro valore originario i pesi delle singole asset class, qualora questi, in virtù di particolari andamenti del mercato dovessero assumere valori marcatamente diversi (ad esempio +/-10%). Com'è intuitivo, questa tecnica agisce un po' in controtendenza, vendendo quello che è salito per comprare ciò che è sceso.

La gestione tecnica utilizzata nella verifica si basa sull' utilizzo di un modello proprietario imperniato su una semplice media mobile tarata, senza ricorrere ad ottimizzazioni, su un periodo di 10 settimane.

I classici momenti operativi (acquisto se i prezzi intersecano dal basso verso l' alto la media, vendita nel caso opposto) sono opportunamente filtrati per evitare, quanto più possibile, di incorrere nei falsi segnali che l' utilizzo di una media mobile inevitabilmente produce soprattutto nelle fasi laterali (trading range).

Ogni volta che si verificano le condizioni per una vendita/acquisto, viene individuato un nuovo livello di prezzo che fungerà da futura resistenza/supporto.

Da questo momento in poi, ulteriori operazioni saranno prese in considerazione soltanto se la media mobile si sarà sufficientemente allontanata dai nuovi livelli di resistenza/support

In caso contrario, un acquisto si concretizzerà soltanto nel momento in cui i prezzi romperanno al rialzo la precedente resistenza ed una vendita soltanto nel momento in cui sarà violato al ribasso il precedente supporto. Ciascuna asset class diversa dalla componente obbligazionaria sarà pienamente investita, cioè normalmente pesata, ogni volta in cui viene generato un segnale di acquisto. Di contro, ogni segnale di vendita sancirà la sua eliminazione dal portafoglio ed il suo reinvestimento sulla componente obbligazionaria (Sisf Euro Short Term Bond Eur).

Nella Figura 1 sono indicati i segnali operativi generati su Sisf Emerging Markets Usd.

La successiva Tabella 1 riassume i rendimenti cumulati delle due metodologie, nonché quelli originati da un investimento passivo sull'indice Msci World espresso in Euro e quelli da un investimento passivo sull' attività priva di rischio (Euribor 6 mesi) dal 7 Gennaio 2002 al 29 Dicembre 2008.

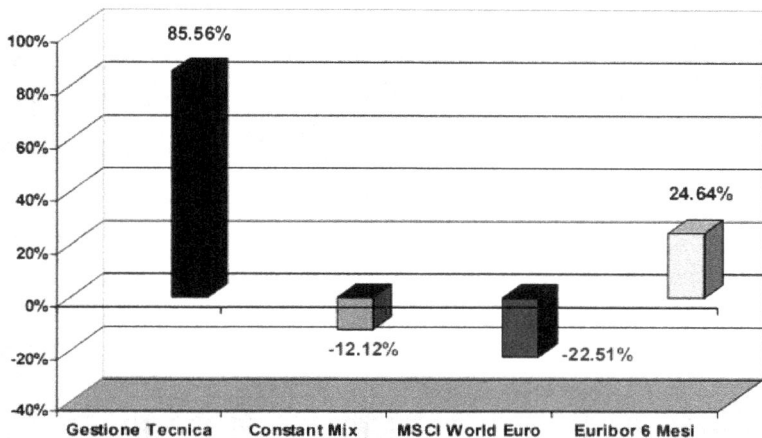

La supremazia complessiva della gestione tecnica appare evidente e indiscutibile, soprattutto se si considera che il suo peggior drawdown, concretizzatosi dall' 8 maggio al 26 giugno del 2006, è stato dell' 8,74% mentre quello generato dal constant mix dal febbraio 2007 al dicembre 2009 è stato del 60%. Il numero totale di operazioni (acquisto e vendita) effettuate, pari a 88 (circa 12 all'anno), ha determinato una esposizione media sui mercati azionari del 43% ed una deviazione standard annualizzata del 7,86%. Il dato sulla volatilità, molto contenuto, è ancora più sorprendente se confrontato con quello dell' investimento passivo sull' indice Msci World Euro (17,29%). La successiva Figura 2 riporta l'andamento delle due equity lines.

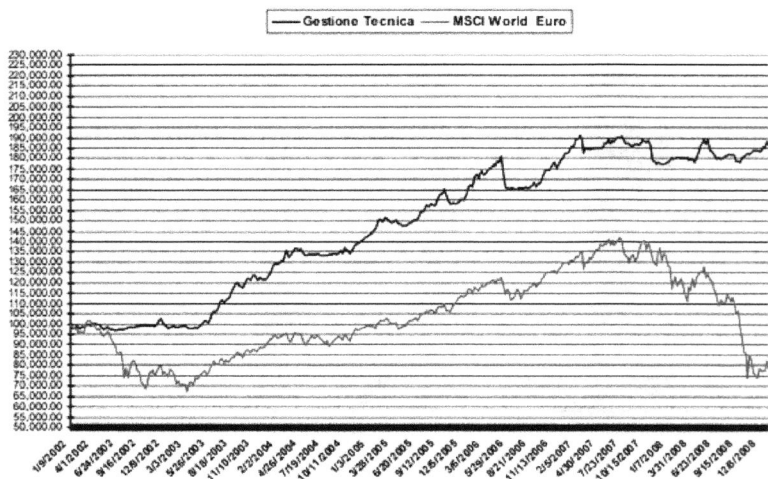

La successiva Tabella 2 mostra, invece, l' evoluzione dei rendimenti annuali delle due diverse metodologie di gestione (gestione tecnica e constant mix) e ci consente di capire meglio in quali momenti si è concretizzata la superiorità dell' una rispetto all' altra.

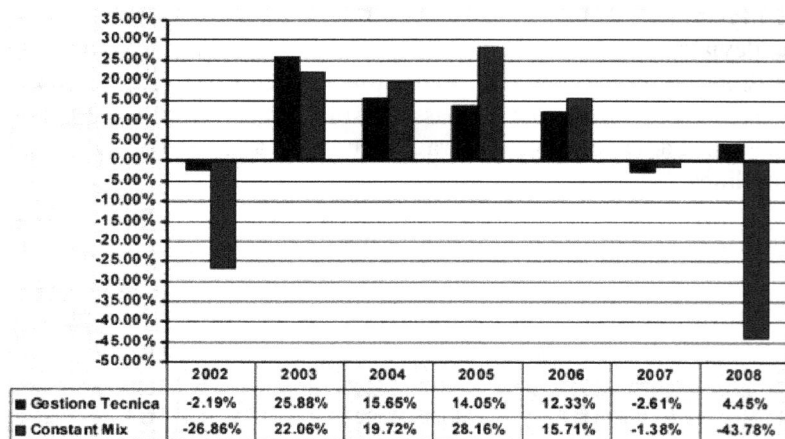

	2002	2003	2004	2005	2006	2007	2008
■ Gestione Tecnica	-2.19%	25.88%	15.65%	14.05%	12.33%	-2.61%	4.45%
■ Constant Mix	-26.86%	22.06%	19.72%	28.16%	15.71%	-1.38%	-43.78%

Tabella 2: rendimenti annuali a confronto.

Negli anni in cui il trend primario rialzista si è sviluppato con maggiore intensità (2004, 2005, 2006) le performances del constant mix sono state decisamente migliori (nel 2005 addirittura 28,16% contro il 14,05% della gestione tecnica).

Nei mercati "toro" paga essere sempre investiti, mentre gli interventi a protezione dei profitti e il naturale ritardo nell'individuazione di una nuova tendenza nei prezzi, tipici della gestione tecnica, attenuano l'effetto benefico del trend rialzista.

- Ma è negli anni rovinosamente negativi che la gestione tecnica esprime a pieno il suo vantaggio, ovvero, quello di rappresentare una sorta di assicurazione contro i disastri borsistici.

Nel 2002, infatti, registra una contrazione di appena il 2,19% contro il -26,86% del constant mix e nel 2008 mette a segno addirittura una performance positiva (+4,45%) contro il crollo del constant mix (-43,78%).

Facciamo adesso un passo indietro e ritorniamo al processo di Asset Allocation Strategica.

Ipotizziamo che le decisioni strategiche si limitino a definire esclusivamente i pesi standard da attribuire alle singole macro asset class (azioni, obbligazioni, cash).

In altre parole, si rinuncia ad una scelta di efficienza per cercare di intercettare, in ciascuna macro asset class, gli spunti più interessanti che il mercato globale di volta in volta propone. Circoscrivendo la nostra analisi alla sola componente azionaria, ogni anno si presentano innumerevoli opportunità di investimento connesse all' esistenza di mercati finanziari non correlati. L'obiettivo di sfruttare queste opportunità può essere realizzato soltanto se ci si dota di un'efficace tecnica di rotazione geografica e/o settoriale. L'indice Msci World, ad esempio, è la media di 24 indici geografici: perché scegliere la media, se si può eliminare la coda (indici sottoperformanti) e tenersi solo la cima (indici sovra performanti)? Sempre a titolo di esempio, focalizzando l'attenzione sugli indici settoriali, nel periodo compreso tra il 10 marzo 2000 e il 5 gennaio 2001 (Figura 3) l'indice Msci

World Health guadagna il 21,97%, mentre l'indice Msci World It perde il 45,48%.

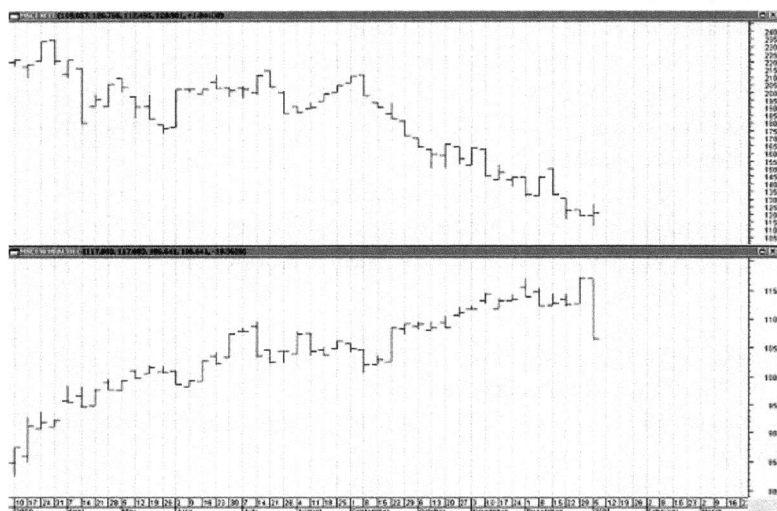

Come ampiamente dimostrato, le tecniche di rotazione consentono di ampliare i "gradi di libertà" nella gestione di un portafoglio e di evitare di restare sugli stessi mercati quando vivono momenti di depressione oppure quando si muovono dentro oziose fasi laterali.
Più è ampio l' universo investibile, maggiori sono le possibilità di migliorare sensibilmente il rendimento complessivo del portafoglio nel lungo periodo.

Il modello che viene proposto si basa sull' utilizzo di Sicav o di ETF. Di seguito riporto i criteri ed i risultati di un' attività di gestione condotta sui comparti azionari della Sicav Schroder dal 7 gennaio 2002 al 29 dicembre 2008. All' inizio di ogni settimana i singoli comparti sono ordinati, in ordine decrescente, sulla base dei valori assunti da un indicatore ispirato al Kst di Martin Pring.
Tale indicatore rileva la velocità della crescita dei prezzi come media ponderata delle velocità rilevate su diversi periodi (dalle 4 alle 13 settimane), attribuendo pesi maggiori ai segmenti temporali più lunghi.

120

Una volta stilata la classifica, l'analisi si concentra esclusivamente sui comparti presenti nel primo terzile (Tabella 3).

Ranking al 13/02/2004	Indicatore	Ranking al 27/4/2007	Indicatore
Sisf Europ SC Eur	6.575	Sisf Lat Ame Usd	4.390
Sisf Euro Dyn Growth Eur	5.845	Sisf Euro Dyn Growth Eur	3.945
Sisf Lat Ame Usd	5.760	Sisf Swiss S&M Cap Chf	3.844
Sisf Em Europe Eur	5.493	Sisf Euro Eq Eur	3.799
Sisf Euro Eq Eur	5.293	Sisf Swiss Eq Act Alloc Chf	3.616
Sisf Swiss Eq Chf	5.006	Sisf Europ SC Eur	3.612
Sisf Em Mark Usd	4.445	Sisf Asian Eq Yield Usd	3.472
Sisf Europ LC Eur	4.428	Sisf Euro Act Value Eur	3.435
Sisf Pac Eq Usd	3.864	Sisf Em Europe Eur	3.219
Sisf Great China Usd	3.860	Sisf Europ ex Uk Eq Eur	2.811
Sisf Europ Eq Yield Eur	3.665	Sisf Europ Eq Alpha Eur	2.697

Seguendo l' ordine della classifica creata, ogni singolo comparto viene poi controllato da un punto di vista tecnico con la stessa metodologia illustrata in precedenza.

Se la verifica ha esito positivo, il comparto viene inserito in portafoglio e si passa al controllo del successivo. Si capisce come sia determinante avere a disposizione un ampio e ben diversificato universo investibile.

Poter contare su 30/35 comparti consente di avere, settimanalmente, una lista di 10/12 potenziali acquisti (primo terzile) e di costruire un portafoglio distribuito su 8/9 posizioni. Le posizioni che non riescono ad essere occupate da comparti azionari restano sul cash (Sisf Euro Liquidity) o, se si preferisce dare più mordente alla gestione della liquidità temporaneamente non impiegata in azioni, su un comparto obbligazionario di medio-lungo periodo (Sisf Euro Bond). Una volta inserito nel portafoglio, un comparto viene eliminato e sostituito in base alle risultanze della classifica più recente, solo se si verificano le condizioni tecniche di vendita. L'uso combinato dell' indicatore di velocità e di un appropriato tool di indicatori tecnici sviluppa una sorta di meccanismo auto-correttivo. L' indicatore di velocità, in pratica, ha la funzione di isolare e sottoporre all' attenzione della verifica tecnica i mercati che evidenziano una certa vivacità dei prezzi. La verifica tecnica, di contro, consente di evitare di inserire in portafoglio mercati che dimostrano una vitalità solo apparente, ma che in realtà o si muovono dentro un trend primario ribassista o si sviluppano in una fase laterale. La Tabella 4 riporta i rendimenti cumulati del modello paragonati a quelli di una strategia Buy&Hold sull' indice Msci World Euro e a quelli di una strategia Buy&Hold sull' indice Fideuram Fondi Flessibili, dal 7 gennaio 2002 al 29 dicembre 2008.

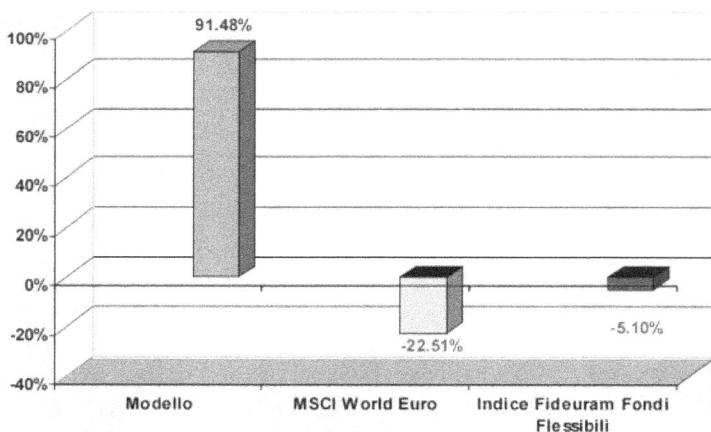

Tabella 4 - Rendimenti cumulati a confronto.

L' applicazione puntuale del modello ha richiesto l'esecuzione di 100 operazioni (circa 14 all'anno), ha determinato un'esposizione media sui mercati azionari del 59%, una deviazione standard annualizzata del 13,39%, inferiore di ben quattro punti a quella dell' indice Msci World Euro (17,29%), un drawdown massimo del 19,63% (dal 29/10/2007 al 22/09/2008) contro un drawdown dell' indice pari al 47,89% (dal 16/07/2007 all' 1/12/2008), ed una correlazione alquanto contenuta (0,461) con l' andamento dell' indice stesso.

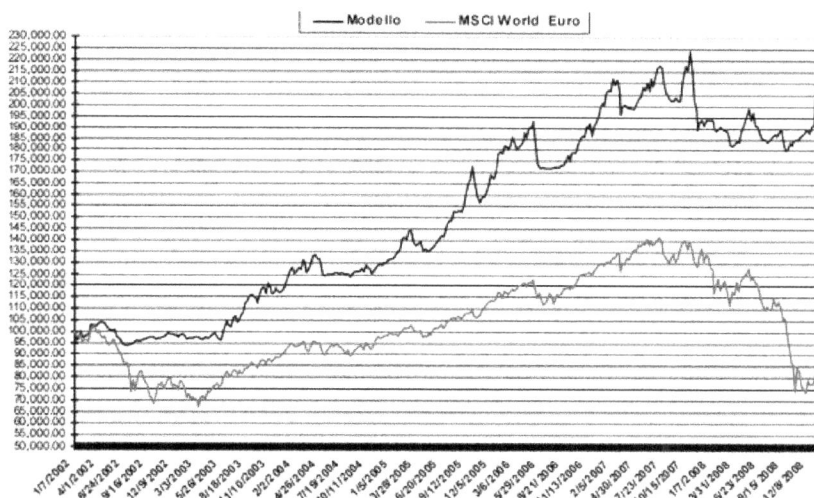

Figura 4 - Equity line del Modello vs Msci World Euro.

La Tabella 5 mostra l'evoluzione dei rendimenti annuali del modello e delle due strategie passive.

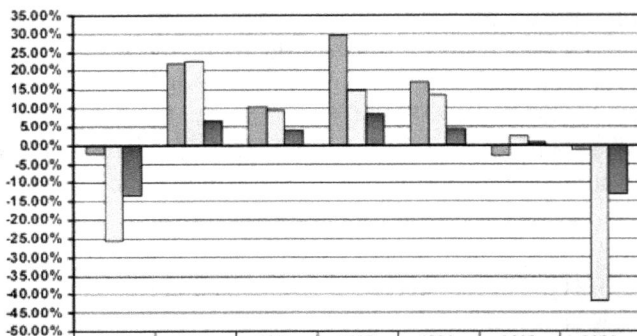

	2002	2003	2004	2005	2006	2007	2008
▣ Modello	-2.31%	22.01%	10.46%	29.48%	17.12%	-2.85%	-1.35%
▢ MSCI World Euro	-25.60%	22.53%	9.36%	14.64%	13.52%	2.56%	-41.77%
▣ Indice Fideuram Fondi Flessibili	-13.44%	6.61%	3.96%	8.31%	4.28%	0.87%	-13.18%

Tabella 5 - Rendimenti annuali a confronto.

Il Benchmark

Il benchmark è in primo luogo uno strumento di informazione sulla struttura del portafoglio detenuto in media dal fondo comune, e offre l'opportunità di una comunicazione oggettiva e trasparente tra chi gestisce e offre il fondo e il risparmiatore, poiché individua il profilo di rischio e le opportunità del mercato in cui tipicamente il fondo investe, assumendo il ruolo di linea guida e riferimento rispetto a tutto il processo di investimento.

L'indicazione del benchmark rafforza il rapporto fiduciario che è alla base della gestione del risparmio e permette un dialogo efficace tra l'investitore e il professionista che lo affianca, in quanto assicura che la composizione del portafoglio rispecchi determinati criteri. Tanto nelle gestioni individuali quanto in quelle collettive l'utilizzo di indicatori di rischio/performance consente, inoltre, di valutare l'operato del gestore. Il benchmark, come strumento di confronto tra il risultato della gestione e un parametro di riferimento ad hoc, nasce in ambito statunitense, dove la trasparenza nell'informazione finanziaria è sempre stata considerata un elemento imprescindibile. In Italia, il Testo Unico ha prescritto l'utilizzo di questi indicatori sia per le gestioni patrimoniali individuali sia per i fondi comuni di investimento e le SICAV. Proprio i Lavori preparatori al TUIF permettono di cogliere, in sintesi, gli obiettivi del legislatore mediante l'introduzione di tale strumento.

Il benchmark:

- Identifica il prodotto: si sintetizza in modo rigoroso ciò che altrimenti è poco definito.
- Misura la bravura del gestore ("performance attribution") che non può più fare riferimento al parametro "più comodo" per il confronto.
- Evidenzia il contributo dell'asset al location.
- Facilita i controlli dell'Autorità in materia di rispetto della parità di trattamento degli investitori: l'armonia (i rendimenti devono essere simili, a meno dell'effetto diversificazione) dei

risultati sulle singole componenti di portafoglio è facilmente verificabile.

- Incentiva i gestori a cambiare lo "stile di gestione": più asset allocation e stock selection, meno market timing.
- Rende difficile l'uso di commissioni di performance "distorte", del tipo indice dei prezzi al consumo.
- Favorisce una maggiore concentrazione dell'industria: il gestore debole non ha coraggio di fare scelte forti contro il benchmark e tende a "appiattirsi" su di esso.
- Offre un punto di riferimento ex-ante per l'indicazione degli obiettivi del cliente e dunque delle strategie relative; si tratta di una fase indispensabile per fornire al gestore le linee guida essenziali (in questo senso è anche il modo per seguire la regola fondamentale del "know your customer").
- Rappresenta uno strumento di marketing che consente al gestore di evidenziare di quanto "si allontani" dalla media di mercato e/o di prodotto.

Proprietà e limiti del benchmark

Affinché un indice (o una combinazione di indici) possa essere validamente impiegato come benchmark, è auspicabile che possieda le seguenti caratteristiche:

1. Trasparenza: gli indici devono essere calcolati con regole replicabili autonomamente dall'investitore. Questo principio permette di anticipare i periodici cambiamenti nella composizione degli stessi, con un duplice vantaggio: da un lato gli investitori possono rivedere tempestivamente le proprie decisioni; dall'altro gli operatori che vendono il prodotto, operando in assoluta trasparenza, si pongono al riparo da eventuali critiche sulla discrezionalità delle scelte effettuate.

2. Rappresentatività: le classi nonché i titoli inclusi negli indici devono riflettere le opportunità di investimento disponibili. Un indice capace di rappresentare con precisione le caratteristiche dell'investimento agevola l'investitore nella scelta del profilo di

rischio/rendimento desiderato, con evidenti ripercussioni positive sul rapporto fiduciario tra venditore e investitore.

3. Replicabilità: gli indici dovrebbero essere completamente replicabili con attività acquistabili direttamente sul mercato. Il confronto tra un portafoglio costruito teoricamente e un portafoglio in cui si possa effettivamente investire comporta una serie di problematiche legate alla ponderazione dei costi di gestione e alla tassazione. Tanto più il benchmark è costruito con attività realmente disponibili, tanto più rappresenta una realistica misura di performance. L'utilizzo del benchmark a fini di valutazione della qualità dei prodotti di investimento è corretto se si tengono presenti i punti di attenzione di seguito riportati:

- Il confronto non avviene tra due gestioni di portafoglio effettivamente alternative. Nel confronto diretto tra il rendimento del fondo e la variazione del benchmark, quest'ultimo rimane sempre un portafoglio virtuale, mentre il fondo sostiene i costi di gestione, di negoziazione, i costi di liquidità, i costi di distribuzione, gli effetti legati alla tassazione.

- Il periodo di analisi e confronto tra un fondo e il proprio benchmark è fondamentale. Un confronto tra diversi risultati su periodi infra annuali è praticamente privo di significato. Infatti, su periodi così limitati le differenze di rendimento dei diversi fondi possono avere una componente puramente casuale e solo sul lungo periodo tale componente diviene trascurabile mentre acquistano peso le strategie e le valutazioni di gestione.

- Il criterio del confronto col benchmark deve necessariamente essere affiancato ad altri criteri, anche e soprattutto qualitativi. Soffermare l'attenzione unicamente sulle differenze di rendimento fornisce un parametro quantitativo inadatto a valutare la qualità degli altri servizi resi dal gestore, in primo luogo la qualità dell'informazione e della consulenza nella selezione dei prodotti di investimento.

127

- L'incertezza sulla stima dei rendimenti attesi e l'assenza di un indicatore di rischio (o di un gruppo di indicatori, se si accetta un modello multifattoriale) universalmente accettato deve indurre ad un atteggiamento prudenziale sulla utilizzazione del benchmark come indicatore di rendimento atteso e sulla validità statistica degli esercizi di valutazione della qualità della gestione.
- Dal confronto tra la performance del portafoglio detenuto e il benchmark il risparmiatore può avere indicazioni circa la capacità di gestione dell'intermediario ma non il rendimento che ha effettivamente ottenuto. Quest'ultimo coincide con il tasso interno di rendimento (Tir) dell'investimento e dipende in modo cruciale dai flussi di versamento/prelevamento (quantità e timing) attivati nel periodo considerato, frutto di scelte del cliente, e non del gestore.

Pur condividendo la necessità di utilizzare con cautela il benchmark, soprattutto quale strumento di valutazione della performance, non sembra accettabile l'impostazione di chi vorrebbe eliminare del tutto l'obbligo di indicazione del parametro oggettivo di riferimento. Da tempo Assogestioni e Consob hanno avviato una riflessione congiunta per la riforma del benchmark, proprio sulla base di pressioni da parte dei gestori. In particolare, accuse vengono mosse alla scarsa conoscenza e alla non corretta interpretazione del benchmark da parte degli investitori, che vedrebbero il parametro come livello minimo di rendimento da raggiungere. Dal fronte opposto, in primo luogo da parte della stampa specializzata, si obietta che dovrebbero essere proprio gli intermediari, nell'ambito della loro funzione di consulenza, a migliorare la cultura finanziaria dei propri clienti. Quanto all'imbattibilità del benchmark (meno del 20% dei gestori ha superato, in termini di rendimento, il parametro, negli ultimi anni), è certamente vero che sui fondi gravano oneri che gli indici, in quanto portafogli virtuali, non sopportano, ma occorre tener presenti anche alcuni elementi che, al contrario, favoriscono, nel confronto, gli OICR:

- I benchmark adottati per i fondi azionari non tengono conto del reinvestimento dei dividendi, di cui, invece, i portafogli gestiti beneficiano.
- La presenza di indici del mercato monetario nel parametro (con percentuali anche del 10 - 15% per i fondi azionari) ne abbassa il rendimento di lungo periodo (il fenomeno, c.d. "annacquamento del benchmark" pur essendo legato a effettive esigenze di liquidità dei portafogli gestiti, appare a molti eccessivo nella sua entità).

In realtà la minore performance dei fondi rispetto al benchmark appare legata soprattutto al livello delle commissioni di gestione, spesso troppo elevato in rapporto al valore aggiunto e ai servizi offerti dal gestore.

La teoria del benchmarking classica riconosce generalmente tre tipologie di indice :

1. Benchmark di processo: focalizza la propria attenzione sui sistemi operativi. Analizza il servizio clienti. Tenta di identificare le pratiche operative migliori estrapolandole da realtà eccellenti a cui si vuol fare riferimento.
2. Benchmark di performance: permette di ritarare la propria competitività in funzione del confronto continuo con il comportamento del prodotto e del servizio definito eccellente.
3. Benchmark strategico: analizza le modalità in cui l'azienda compete, si ricercano quindi le strategie vincenti per realizzare l'eccellenza e poterla replicare nella propria realtà aziendale.

La qualità di gestione non è misurata esclusivamente dalla capacità di offrire un extra-rendimento rispetto al benchmark, ma anche da quella di sceglierlo.

Nelle proprie "Linee guida per la definizione di un parametro oggettivo di riferimento", dettate allo scopo di stabilire criteri uniformi di scelta ed impiego dei benchmark da parte dei gestori, Assogestioni ribadisce, innanzitutto, che "il parametro oggettivo di riferimento deve essere un indice o una composizione di indici di mercato calcolati da soggetti terzi rispetto alla società di gestione promotrice del fondo"; inoltre "qualora il parametro si componga di indici di asset class differenti, la composizione dei pesi deve essere congruente con i limiti di categoria di appartenenza del fondo. Per ogni parametro oggettivo composto da due o più indici di mercato, il periodo di ribilanciamento dei pesi delle singole componenti del parametro è stabilito dalla società di gestione e non può eccedere i 3 mesi. La periodicità del ribilanciamento deve essere esplicitata nel prospetto" e "il sistema più adeguato è ritenuto quello a proporzioni costanti, secondo il quale i pesi degli indici che compongono il parametro di riferimento vengono periodicamente ribilanciati al fine di mantenere costante la proporzione di ogni componente a inizio periodo."

In caso di cessazione del calcolo o della pubblicazione di uno o più indici indicati nel parametro oggettivo di riferimento la società di gestione potrà fare automaticamente riferimento a un parametro sostitutivo (che Assogestioni ha definito per ogni categoria del sistema di classificazione) per il periodo occorrente per la modifica del prospetto ai sensi della normativa vigente.

La costruzione degli indici e la diffusione dei dati relativi al loro andamento vengono effettuate da società (gli index provider) generalmente appartenenti a gruppi finanziari o a società di gestione di mercati regolamentati, o ancora a gruppi editoriali (Reuters, Bloomberg), sulla base di metodologie indipendenti che, tuttavia, presentano tratti comuni. Dalle recenti indagini Assogestioni, oltre l'80% del patrimonio dei fondi italiani armonizzati e riservati è gestito con riferimento agli indici di quattro index provider: J.P. Morgan, MSCI, MTS SPA e Merrill Lynch; per i fondi azionari risulta ancora più evidente l'elevato grado di concentrazione: oltre il 62% del loro patrimonio è gestito in riferimento agli indici del provider MSCI; nel comparto obbligazionario, invece, il mercato appare più diversificato: nonostante la prevalenza degli indici J.P. Morgan, diversi provider (MTS SPA, Merrill Lynch, Salomon Smith Barney) concorrono a definire i benchmark.

Schematicamente, il processo di costruzione di un indice azionario si articola in cinque passi fondamentali:

1. Definizione dell'insieme dei titoli quotati all'interno del mercato.

2. Suddivisione dei medesimi rispetto all'industria di appartenenza e scelta dei titoli rappresentativi di ogni settore.
3. Selezione dei titoli con buona liquidità e buon flottante.
4. Esclusione delle partecipazioni incrociate e delle holding.
5. Ponderazione dei titoli in base ai valori di flottante o di capitalizzazione.

L'iter appena visto può essere riferito sia a un singolo Paese, sia a un'area più vasta, con caratteri comuni dal punto di vista economico e finanziario (o all'intera economia mondiale, come per l'MSCI World).
Sebbene, infatti, sia possibile costruire un indice "globale" mediante aggregazione di "sub-indici" locali, si preferisce la costruzione diretta (nonostante l'inconveniente rappresentato dai maggiori costi di implementazione), privilegiando la dimensione "settore" rispetto a quella "Paese". Un indice obbligazionario opportunamente realizzato deve considerare, accanto agli aspetti esaminati per gli azionari, anche altre caratteristiche:

*   La valuta di emissione.
*   L'emittente, cui è associato il rischio relativo al grado di fiducia e affidabilità che il mercato gli attribuisce.
*   La durata finanziaria (duration), cui sono legati il rischio relativo all'immobilizzo di liquidità e l'esposizione alla volatilità conseguente alle variazioni dei tassi di mercato.

Gestioni attive e passive

In merito alla selezione dei titoli, si possono prendere decisioni operative che caratterizzano lo "stile" della gestione.
A tale proposito è possibile, in generale, distinguere tra:
- Gestione passiva.
- Gestione attiva.

La gestione degli investimenti finanziari può spaziare da uno stile totalmente "passivo", atto a replicare un indice di mercato, a uno massimamente "attivo", atto a selezionare i migliori titoli al momento giusto, passando attraverso strategie di tipo intermedio.
E' opportuno non solo preventivare una ragionevole variabilità dei risultati dell'investimento nel breve termine in relazione al mercato in cui si investe, ma stabilire anche gli effetti economici che si possono determinare pur adottando differenti stili di gestione (attiva o passiva).

Gestioni Passive

Le gestioni passive tendono essenzialmente a replicare nel portafoglio dell'investitore un indice rappresentativo dei mercati in cui si investe; esse presentano di norma minori costi di gestione sia per le minori spese di ricerca economica che per la più bassa movimentazione di portafoglio. Una peculiare strategia passiva è denominata "costant mix" e prevede il mantenimento d i una struttura costante rispetto all'asset allocation strategica.

Al variare del valore "relativo" delle classi di investimento considerate, si può prevedere il ribilanciamento periodico del portafoglio. In questo caso ad una composizione ottimale di lungo termine si possono contrapporre più alti costi di transazione. In genere le gestioni passive sono tipiche del mondo dei fondi pensione; si tratta in questo caso di investitori istituzionali mossi dall'obiettivo di massimizzare il rendimento del portafoglio nel lungo andare.

Una ulteriore strategia di investimento caratterizzata da un basso grado di attività prevede la separazione del portafoglio in due componenti distinte:

- una parte core, che prevede l'adozione di una politica di "constant mix", con pesi standard da assegnare alle varie classi di investimento individuate.
- una parte swing, da gestire, invece, in chiave dinamica per approfittare delle attese sui mercati.

Il vantaggio di questa politica di investimento è rappresentato da un significativo contenimento dei costi operativi, da un lato, e dalle opportunità connesse all'attività di stock picking e di market timing.

Gestioni Attive

Le gestioni attive mirano ad ottenere risultati migliori rispetto a quelli "normali" di mercato attraverso il costante monitoraggio delle condizioni di mercato e la rinegoziazione dei titoli in portafoglio.
Si caratterizzano in genere per un ridotto livello di diversificazione, un più elevato rischio, più elevati costi di transazione ed un ruolo più forte della ricerca economica sia a livello macroeconomico che di singolo settore / titolo.
L'analisi dello scenario economico atteso (tassi, cambi e borsa) costituisce il presupposto per la realizzazione di una gestione "attiva" di portafoglio.
Il grafico riportato di seguito evidenzia come l'investitore, allontanandosi dalla composizione di portafoglio cosiddetta neutrale (gestione passiva), possa determinare per il proprio portafoglio risultati migliori/peggiori rispetto a quelli medi di mercato.

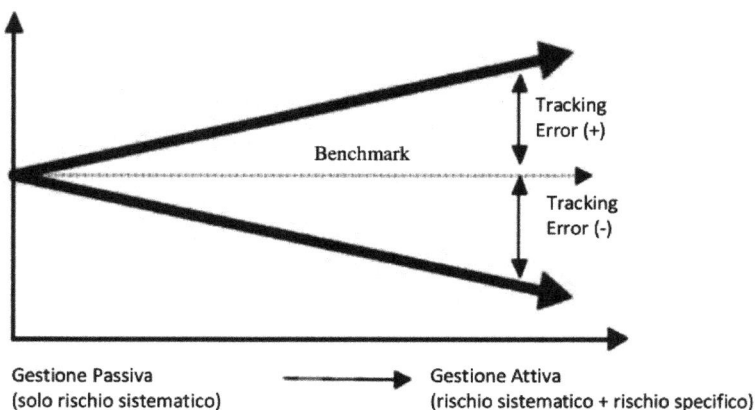

Il "tracking error" (errore di replica) si manifesta in modo simmetrico rispetto al risultato medio e cresce man mano che la gestione si fa più attiva (pochi titoli pesati in modo differente rispetto ai pesi neutrali).

Nel campo delle gestioni professionali sono impiegate ulterior i metodologie di diversificazione finanziaria caratterizzate da un diverso livello di aggressività:

- l'approccio **Top-Down** (meno aggressivo), che parte dal quadro macro-economico e seleziona successivamente i settori e i singoli titoli. Il metodo top-down prevale nel caso di investimenti globali con ripartizione del capitale tra le principali aree geografiche e valutarie.

- l'approccio **Bottom-Up** (più aggressivo), che parte dall'analisi fondamentale dei singoli titoli, selezionando aziende di qualità con progetti credibili e management capace. Il metodo bottom-up è preferibile per investitori individuali, intenzionati a raggiungere i più alti rendimenti in assoluto (anche a costo di una maggior rischio).

Conclusioni

Concludiamo proponendo in sintesi alcune regole di massima da rispettare nella costruzione di un portafoglio finanziario:

- Operare una congrua diversificazione per aree valutarie, tenendo conto del relativo grado di rappresentatività sul mercato finanziario internazionale.
- Ripartire la componente azionaria tra Blue Chips (% più alta) e Sall Caps (% più bassa), tra titoli della vecchia (rischi più contenuti) e nuova economia (rischi più elevati) in relazione all'esperienza e alla propensione al rischio dell'investitore.
- Privilegiare l'analisi tecnica per il trading di breve e l'analisi fondamentale per la gestione orientata al medio-lungo termine.
- Rivedere periodicamente le posizioni per adattarle ai mutamenti di scenario.
- Praticare il "benchmarking", impiegando indici rappresentativi del mercato in cui si investe per facilitare la comprensione dei risultati da parte del cliente.

Riguardo a quest'ultimo punto, è opportuno ribadire che gli indici di borsa costituiscono punti di riferimento basilari per verificare se in un dato arco temporale un consulente si dimostra abile (e fortunato) nell'offrire suggerimenti operativi alla propria clientela. Non è sufficiente verificare che la performance di un investimento sia stata del 15%. Il giudizio "qualitativo" sarà ben diverso a seconda che l'indice del mercato in cui si investe sia aumentato nello stesso periodo del 30% (il consulente è poco capace) o che sia diminuito del 10% (il consulente è un genio).

E, in una sequenza di lungo periodo di ampie oscillazione negli indici di borsa, una gestione di tipo tecnico finisce inevitabilmente con l'avere la meglio, centrando, inoltre, un obiettivo di fondamentale importanza: contenere le perdite a livelli patrimonialmente e psicologicamente accettabili.

www.ingramcontent.com/pod-product-compliance
Lightning Source LLC
Chambersburg PA
CBHW060044210326
41520CB00009B/1254